가족이라는 착각

가족이라는 착각

이호선 지음

얽매이고 상처받은 가족을 치유하는 마음 기술

유노
라이프
LIFE

밖에선
그토록 빛나고 아름다운 것
집에만 가져가면
꽃들이
화분이

다 죽었다

- 진은영, 〈가족〉 전문

과거에는 3, 4대가 대가족을 이뤄 한집에 살았습니다. 가족 간의 갈등을 중재하고 상처를 싸매는 어른이나 조정자가 있었습니다. 요즘에는 가정 내에 조정자가 없어 가족 간 갈등이 점점 심각해지고 상처가 깊어질 수밖에 없습니다. 가족 문제를 오랫동안 고민해온 저자는 이 책에서 조정자 역할을 충실히 수행하고 있습니다. 가족 간 적정한 거리 두기는 그가 던지는 새로운 처방전입니다.

이시형
'국민 의사'로 불리는 뇌과학자·정신건강의학과 전문의

정신건강의학과를 찾는 사람의 상당수는 가족 때문에 마음의 병을 앓습니다. 부모와 자녀 사이, 남편과 아내 사이에 주고받는 상처는 깊습니다. 도대체 가족이란 무엇일까요? 우리는 이 근원적 질문 앞에 정직하게 직면해야 합니다. 이 책은 우리가 기대하고 상상했던 가족에 대한 생각을 착각이라 말하며 경종을 울립니다. 읽고 나면 저자가 전하는 진솔한 해결책과 위로를 만날 것입니다.

전상원
강북삼성병원 정신과장·기업정신건강연구소 소장

세상의 수많은 문제는 관계에서 비롯됩니다. 그 관계의 시작은 바로 '가족'입니다. 어떤 관계든 살피다 보면, 문제의 시작에는 가족이 있습니다. 가족 문제를 해결했더니 다른 관계 역시 저절로 풀리는 이유가 그 때문입니다. 가족관계에서 형성된 관계의 원형은 살아가는 동안 지속적으로 삶에 영향을 끼치며 패턴을 만들어갑니다. 이 책은 그 패턴들을 살펴볼 수 있는 유용한 책입니다.

정정엽
〈정신의학신문〉 창간인·광화문숲정신건강의학과의원 원장

직장인들이 병원을 많이 찾아옵니다. 처음에는 회사생활과 대인관계의 어려움을 토로합니다. 그런데 여러 번 대화하다 보면 부모 때문에 생긴 트라우마나 배우자에게서 상처받은 경우가 많습니다. 평생 함께하는 관계이기 때문에 가족관계를 어떻게 설정하는지는 정말 중요합니다. 이 책을 읽으면 가족 속의 나를 제대로 들여다보고, 내 감정을 추스르는 일이 얼마나 중요한지 새삼 깨닫게 됩니다.

조장원
《나를 지키는 심리학》 저자·민트정신건강의학과의원 원장

가족이니까
다 괜찮다는
착각

"편한 마음으로 집에 들어가시나요?"

진료할 때, 환자들에게서 종종 듣는 말이다. 질문한 사람의 마음이 편하지 않기에 나에게 그런 질문을 던진 것이다.

집에 있을 때 마음이 불편한 사람이 있다. 그중 어떤 사람은 일부러 직장, 학교 등 밖에서 시달리다 집에 늦게 들어가고, 어떤 사람은 귀가를 가능한 미루다가 술 취해 밤늦게 들어간다. 마음이 힘들어서 병원을 찾는 사람은 대개 후자에 속하는 경우가 많다. 밖에서 힘들고 지친 하루를 보내더라도 집에서 가족에게 존중받고 위안을 얻으면 마음의 병은 잘 생기지 않는다.

진료실에서 환자들에게 자주 듣는 말이 또 있다. 정신건강의학과 의사도 이런 말을 들으면 쉽게 말문을 열지 못한다.

"남편을 보면 이유 없이 너무 화가 나요!"

"우리 어머니는 저에게 왜 그렇게 모질게 했을까요?"

그들은 이렇게 항변하기도 한다.

"가족만 없으면 근심 걱정이 없겠어요."

"살면서 제일 힘든 일은 모두 가족한테서 비롯되었으니 가족한테 꼭 사과받고 싶어요."

환자들이 흔히 생각하는 이상적 가족이란, 부모는 사랑과 희생으로 자식을 키우고, 자식은 성심성의껏 부모에게 효도하며, 부부는 서로 사랑하고 의지하면서 꿋꿋이 가정을 지키는 모습이다. 하지만 이상적 가족과 실제 가족은 전혀 다르다. 우리는 그러한 가족의 실제 모습을 마주하기 힘들어 하며, 정면으로 마주했을 때는 무척 절망한다.

그럼에도 부모와 자식은 이렇게 서로 아쉬운 부분만 이야기한다.

"다른 집 부모는 잔소리도 안 하고, 등록금은 물론 집 살 때도 척척 지원해 주더라고요."

"친구 집 자식들은 공부도 잘하고, 대기업에 취직해 돈도 잘 벌어다 준다더라."

부모와 자식 간에 욕망을 좁힐 수 없으니 답답할 뿐이다. 우리는 가족에 대한 생각을 어떻게 바꿔야 할까?

가족에게 어떤 감정이 드는지 살필 것

현실에서 가족의 모습은 각각 다르지만, 꿈꾸는 가족 구성원의 일생은 얼추 비슷하다. 어머니 배에서 태어나 양육받고 나이가 들면 하나둘씩 둥지를 떠난다. 배우자를 만나고, 부모가되어 아이를 낳고 지극정성으로 돌본다. 그렇게 사는 동안 우리는 부모, 배우자, 자녀에게 자꾸 뭔가를 기대한다. 기대가 채워지지 않으면 실망감, 화, 분노 등 부정적인 감정에 휩싸인다.

이러한 이상적 가족의 모습을 기대하면 우리는 자꾸만 문제를 만들게 된다. 이를 해결하기 위해서는 가족을 보는 새로운 관점이 필요하다.

우선, 가족을 향한 나의 마음을 객관적으로 본다. 가족에게어떤 감정이 들고 감정이 어떻게 변하는지를 관찰하는 것이다. 사람들은 보통 화가 나면 우선 타인을 비난하거나 자신의처지를 비관한다. 그러다 보면 점점 지치고 우울해지며 심한경우 삶에 대한 의지조차 떨어진다. 가족 문제도 마찬가지다.

그런데 어쩐 일인지 가족 때문에 힘들다고 주변에 도움을 구하면, 핀잔을 듣기 일쑤다.

"가족이 다 널 위해서 그런 거야."

"배부른 소리 하지 마. 우리 집은 더하다고."

이럴 때는 조언을 듣기보다는 자기 내면의 소리를 듣고 스스

가족이라는 착각

로 부정적인 감정에서 빠져나와야 한다. 내가 느끼는 감정이 무엇인지 확인하고, 다른 관점에서 생각해 그 감정에서 빠져나오도록 노력한다. 객관적으로 가족관계를 들여다보는 일은 한 번에 잘되지 않으니 연습이 필요하다. 관련 도서를 읽거나 상담이 필요할 때도 있다.

어떤 사람은 가족이 변하지 않는데, 내가 변한다고 뭐가 바뀌냐고 묻는다. 나를 찾아온 많은 환자들은 공통적으로 타인을 변화시키기 매우 어렵다고 말한다. 그런데 가족관계는 내가 변함으로써 상대방도 자연스레 변화시킬 수 있다. 가족은 서로 연결되어서 구성원 중 한 명이 변하면 모두 영향을 받는다. 그럼에도 상대방이 변하지 않는다면 서로 떨어져서 지내는 수밖에 없다.

가깝지도 멀지도 않은 심리적 거리

내 머릿속을 떠나지 않는 어느 환자의 질문이 있다.

"가족 사이의 적정 거리는 어느 정도일까요?"

가까워야 할까, 아니면 멀어야 할까? 가까울수록 좋은가, 아니면 멀수록 좋은가? 멀지도 가깝지도 않은 애매한 거리가 최상일까? 환자의 질문에 답하다 보니 글이 길어져 책이 되었다.

이 책에 가족 안에서 일어날 수 있는 여러 문제와 갈등, 그리고 이로 인한 불편한 감정과 생각을 정리했다. 그러나 이 책이 명쾌한 답은 아니다. 가족에 대한 개념은 계속 변한다. 결혼이나 혈연을 중심으로 이뤄졌던 전통적인 가족에서 비혼 가족, 계약 가족 등 새로운 가족 공동체가 생겨난다. 이런 변화들로 가족 간의 갈등은 더 새로운 형태로 나타날 수 있다.

그렇지만 독자들이 한 가지만 분명히 기억했으면 좋겠다. '가족이라서 다 괜찮다'라는 생각은 착각이라는 것. 가족이니까 모든 문제에 개입하고 지적하고 충고해도 상관없다는 말은 오판이라는 사실이다. 의외로 많은 사람이 가족이니까 상처를 줘도 이해하리라는 잘못된 생각을 한다. 하지만 오히려 가족이라서 더 아프고 속상하고 잊히지 않는다. 남들 같으면 무시하거나 상대하지 않으면 그만이지만, 가족이라서 가슴속이 시커멓게 타들어 간다. 학교는 졸업하면 그만이고, 직장은 옮길 수 있지만, 가족은 바꿀 수도 끝낼 수도 없는 관계이기에 생채기는 점점 심하게 곪아 간다.

자신과 가족을 객관화하는 연습을 위해 이 책이 도움이 되기를 바란다. 자신과 가족을 객관화한다는 뜻은 가족관계를 혈연과 필연의 관계 속에서만 바라보거나 대하지 않고, '타인'을 대하듯 적당한 격식과 예의를 갖추는 일이다. 일종의 가족 간

'거리 두기'다. 너무 멀지도 너무 가깝지도 않은, 너무 차갑지도 너무 뜨겁지도 않은 적절한 거리를 말한다.

　가족에 대해 가졌던 막연한 환상을 깨뜨리고, 가족 간에 적정 거리를 유지하는 것, 이것이 건강한 가족관계를 위한 첫걸음이다. 희뿌연 안개가 걷히면 대상이 명료하게 드러나듯 자신과 가족을 객관화하면 가족이 어떤 존재인지, 내가 어떤 존재인지 비로소 볼 수 있게 될 것이다. 건강한 가족관계를 위해 지금 우리가 꼭 실천해야 할 일이다.

정신건강의학과 전문의

이호선

· 2장 ·

부부는
'하나'라는 착각

사랑이라는 이름으로 얽매인 남자와 여자의 심리

· 5장 ·
'가족'이지만
'타인'이다

독립된 존재로 서로 행복한 가족에 대하여

1장

자식은
'내 것'이라는 착각

피붙이라는 이유로 자식에게 주는 상처

아이가 가장 불안할 때는
엄마가 바로 등 뒤에 있을 때다.

- 자크 라캉Jacques Lacan

아이 마음에
상흔을 남길 때
생기는 것

공격자와의 동일시

병헌 씨는 직장에서 상사에게 갑질을 당한 후 생긴 불안과 공황발작으로 병원을 찾았다. 상사가 병헌 씨에게 폭언을 퍼부은 것도 모자라 물건까지 던진 일이 있었다. 그 뒤로 병헌 씨는 회사만 가면 몸이 떨려 자리에 가만히 앉아 있기가 힘들었다. 처음에는 며칠이 지나면 좋아지리라 생각했지만, 날이 갈수록 증상이 심해져 결국 회사에 병가를 냈다.

병헌 씨를 상담치료하다가 병헌 씨가 말하는 상사의 모습에서 그의 아버지에 대한 감정을 발견했다.

병헌 씨의 아버지는 여러 차례 사업에 실패한 심한 알코올 중독자였다. 밖에서는 늘 호인으로 지냈으나 집에만 들어오면 병헌 씨에게 폭행을 가했다. 병헌 씨는 수없이 아버지에게 매를 맞았는데, 그때마다 어머니는 그를 도와주지 않았다. 어느 때는 아버지와 합세해 병헌 씨를 비난하며 집 밖으로 쫓아내기도 했다. 그는 폭력을 행사하는 아버지나 이를 말리지 않고 한 술 더 뜬 어머니가 미웠다. 병헌 씨는 성인이 되고 직장을 얻자마자 집을 나와 독립했다.

병가 후 직장에 복귀한 병헌 씨는 상사와 비슷한 외모를 한 50대 남성을 보면 심한 불안감을 호소하고는 했다. 영업직군에 종사하던 병헌 씨는 50대 남성을 만날 일이 많았다. 직장에 적응하기 어려워진 그는 어쩔 수 없이 퇴사를 결정했다. 그 뒤부터는 가정에서 문제가 발생했다.

아내와 빈번히 싸우기 시작했고, 아이들에게 자신도 모르게 폭언을 하고 폭행을 저질렀다. 폭력적인 행동을 한 다음에 몹시 후회하며 괴로워했지만, 자신의 행동을 조절할 수가 없었다. 병헌 씨 안에 아버지의 모습, 상사의 모습이 있었다.

가정폭력은 졸업이 없다

우리가 속한 모든 공동체 안에서 알게 모르게 크고 작은 폭력이 일어난다. 그러나 가정폭력은 다른 공동체 안에서 벌어지는 폭력과 양상이 다르다. 예를 들어, 학교폭력은 여러 가지 예방책과 사후 조치가 마련되어 있다. 가해자를 징계할 수 있고, 피해자가 전학을 갈 수 있으며, 법과 제도에 호소할 수도 있다. 최후에는 졸업이라는 종착점에 도달한다. 졸업하면 다시 당사자들끼리 만날 필요도, 학교에 갈 이유도 없어진다.

직장 내 폭력도 비슷하다. 성인들 간에 벌어지는 일이고, 상하관계라는 조직 문화 속에서 발생한다. 대처가 어렵고 복잡하지만, 부서를 옮기거나 퇴사하고 다른 직장을 구하면 된다.

하지만 가정폭력은 물러설 곳이 없다. 전학도 못 가고 졸업도 없다. 사표를 쓰거나 다른 가정에서 살고 싶다고 이력서를 낼 수도 없다. 태어난 곳이 내 가정이고, 핏줄을 나눈 사이가 내 가족이다. 죽을 때까지 가족관계는 바뀌지 않는다.

부부는 이혼할 수 있어도 부모와 자식, 형제자매 사이에 핏줄을 끊기란 어렵다. 그래서 가정 내에서 일어나는 학대와 폭력은 상상 이상으로 영향력이 클 수밖에 없다.

무엇보다 세상에 선한 폭력이란 없다. 어떤 이유에서든 폭력은 악이다. 요즘은 사라진 '사랑의 매'조차도 매를 드는 사람의 시각에서 나온 말이지, 매를 맞는 아이의 관점에서 보자면 '고통의 매'일 뿐이다.

아빠에게 매를 맞고, 엄마에게 학대를 당했다며 경찰에 신고하거나 고발하면 규정대로 일정한 조치가 취해진다. 문제는 그 뒤다. 자신을 신고한 아이와 계속 같이 살아야 하는 부모, 못 견뎌서 부모를 신고했지만 다시 한 공간에서 부모와 지내야 하는 아이, 그 관계가 이전보다 못하면 못했지 더 좋아진다는 보장이 없다. 그러다 보니 가정폭력은 한 인간에게 치명적 고통을 주고 상처를 남김에도 음성적으로 이루어진다.

○○●

훈육이라는 이면의 학대

아동학대에 관한 정의는 시대와 문화에 따라 변해왔다. 과거 아동학대 피해자를 '피학대아 Battered Child'라고 부른 이유는 주로 신체적 학대에 초점을 맞췄기 때문이다. 최근에는 아동학대의 범위가 늘어났다.

아동복지법 제2조에서는 아동학대를 '보호자를 포함한 성인에 의하여 아동의 건강, 복지를 해치거나 정상적 발달을 저해할 수 있는 신체적, 정신적, 성적폭력 또는 가해행위 및 아동의 보호자에 의하여 이루어지는 유기와 방임'으로 정의한다.

'정신적 학대'는 아이를 발가벗겨 내쫓는 행위, 형제나 친구 등과 비교하는 행위, 차별하는 행위, 아동이 가정폭력을 목격하도록 하는 행위 등을 포함한다. '방임'은 의식주를 제공하지 않거나 불결한 환경에 방치하는 것, 아동을 집이나 차에 홀로 두고 외출하는 행위, 교육과 의료를 제공하지 않는 행위 등을 말한다. '유기'는 아동을 버리거나 친척 집 또는 병원 등에 두고 사라지는 경우다.

아동학대는 폐쇄된 가정 안에서 일어나기 때문에 외부에서 개입하기가 쉽지 않다. 아동은 신체적, 정신적으로 미성숙하기 때문에 학대를 감당하거나 학대에 적절히 대처하기도 어렵다.

부부간에 폭력이 일어나는 가정은 아동학대가 공존할 가능성이 크다. 가정폭력의 가해자가 남성인 경우, 남편이 아내에게 폭력을 가할 때 이를 말리는 아동을 같이 폭행하기도 한다. 아동을 직접적으로 폭행하지 않는 경우라도 부부간에 이루어지는 폭력을 아동이 목격한다면 이는 정신적 학대다.

연세대 사회복지학과 김재엽 교수의 2007년 연구에 따르면, 부부 폭력 가해자 아버지들의 42.7퍼센트가 자녀에게 언어 학대를 하고, 50.1퍼센트가 가벼운 신체 학대를 하고, 18.5퍼센트가 심각한 신체 학대를 행한다고 나타났다.

어떤 부모는 '훈육'이라는 이름으로 아이에게 어떤 권리도 주장할 수 없게 하거나 일방적으로 부모의 말을 듣고 따르도록 강요한다. 심한 경우 아이를 자신의 소유물이나 노예처럼 취급하기까지 한다. 이토록 강압적인 훈육 방식은 지금도 남몰래 이어져 오고 있다.

○○●

아빠처럼 살기 싫다는 말의 뜻

학대를 겪은 아동은 '애착 형성'에 문제가 생긴다. 일반적으로 아동은 생후 6개월에서 2년 사이에 애착관계가 형성된다. 이 시기에 아동은 바닥을 기거나 땅 위를 걸으면서 새로운 세계로 탐험을 나선다. 이때 친숙한 애착 대상(주로 부모)을 안전 기지로 삼는다. 안전 기지를 토대로 주변을 탐험했다가 돌아오는 과정을 반복한다. 이 시기 애착 형태를 결정하는 데 주요한 영향은 부모로부터 나온다. 이때 나오는 애착 형태는 아기의 지각, 감정 및 향후 관계에 관한 생각과 기대에도 영향을 미친다. 이처럼 아동기에 경험한 애착 형성의 양상이 성인기에도 반복되므로, 이 시기 부모와 아동의 애착관계는 매우 중요하다. 아동기에 학대를 당하면 정상적인 애착 형성이 어렵고, 성인이 된 뒤에도 사회적 관계 형성을 어렵게 하기 때문이다.

물리적 폭력은 몸에 상흔을 남기지만, 정서적 학대는 마음에 상흔을 남긴다. 간접적이면서도 은근한 방식으로 행해지는 정서적 학대가 더 아플 수도 있다.

아이가 말을 듣지 않아서 잘못했다고 할 때까지 침묵하고, 그때마다 방에 들어가서 꼼짝도 안 하는 부모가 있다고 해 보자. 그럴 때 아이는 부모의 침묵과 고요에 극도의 공포와 불안을 느낀다. 아이들을 차별하고 변덕스러운 부모도 정서적 학대를 하는 부모다.

첫째 아이와 둘째 아이가 싸우거나 티격태격할 때, 항상 첫째만 나무라는 아빠가 있었다. 어떤 이유인지 알아보려고 하지도 않고 무조건 첫째만 혼냈다. 이 아빠는 회사에서 기분 좋게 보낸 날은 첫째 아이와도 잘 놀았다. 그런데 기분이 안 좋은 날에는 첫째 아이와 눈도 마주치지 않고 아이가 애교를 부려도 쳐다보지 않았다. 첫째 아이는 아빠의 차별과 변덕에 더할 수 없는 혼란과 고립감을 느꼈다. 때리지는 않았지만, 이 또한 폭력이다. 정서적 학대는 눈에 보이지 않는 방망이로 얻어맞는 일과 다르지 않다.

이러한 부모에게 자란 아이들은 자존심에 상처를 받고, 자존감이 땅에 떨어진다. 사랑이 가득해야 할 가정에 긴장과 스트레스가 흐른다. 부모와 자식 간에 이해와 존중, 소통이 없다. 아이는 집은 벗어나야 할 울타리라고 생각한다. 부모는 극복해야 할 대상이라고 생각한다. 이런 말을 절로 한다.

물리적 폭력은 몸에 상흔을 남기지만,
정서적 학대는 마음에 상흔을 남긴다.

"나는 아빠처럼 살기 싫어!"

"나는 엄마처럼 살지 않을 거야!"

어릴 때 부모나 윗사람 또는 중요한 인물들의 태도와 행동을 닮는 방어기제를 '동일시 Identification'라고 한다. 학대 아동들에게서 가장 많이 보이는 동일시를 '공격자와의 동일시 Identification with Aggressor'라고 한다.

원래 공격자와의 동일시는 인간의 발달 과정 중에 나타나는 정상적인 현상이다. 아기가 기고 걷게 되면 위험한 환경에 노출된다. 아이는 높은 곳에 올라가거나 입 안에 아무것이나 넣고 맛보려 한다. 이런 위험에 자꾸만 노출되기 때문에 부모는 아이의 자주성을 제한한다. 하지 말라는 말을 많이 하게 된다.

"안 돼, 위험해. 하지 마."

"그만해. 더 하면 다쳐. 빨리 놔."

"이리 와. 그리 가면 떨어져. 그만 가."

아이를 염려해서 하는 말이지만, 이런 말을 주로 듣고 자란 아이는 좌절감을 쉽게 느낀다. 자존감이 약해지면서 정서적으로 위축된다. 부모와 밀착되고 독립되는 과정에서 갈등에 빠진 아이는 공격자와의 동일시라는 방어기제로 딜레마를 해결한다. 아이는 엄마 아빠의 말과 행동을 흉내 냄으로써 갈등 상황에서 벗어나려고 시도한다. 학대 가정에서는 이런 공격자와의 동일시 과정이 부정적인 방향으로 잘 발달된다. 예를 들어

폭력적인 아버지 밑에서 자란 아들은 자신을 폭행한 아버지를 미워하지만, 훗날 결혼해서 자신의 자녀에게 같은 행동을 반복하며 악순환을 만든다.

어머니에게 정서적 학대를 당하며 자란 딸은 엄마처럼 되지 않으리라 다짐하지만, 엄마가 되고 자녀에게 유사한 정서적 학대를 가하는 자신을 발견하게 된다. 이런 과정은 대를 이어서 진행된다.

병헌 씨 역시 아버지로부터 물리적 폭력, 어머니로부터 정서적 학대를 받으며 자라 문제 상황에서 괴로워했다. 그러면서 공격자와의 동일시를 사용해 부모의 잘못을 그대로 답습하며 가정폭력의 당사자가 되었다.

병헌 씨나 그의 자녀와 같은 사람들이 실제로 정신건강의학과 진료실을 많이 찾아온다. 그런데 이들과 상담하다 보면, 놀랍게도 가정폭력의 이론에 관해 잘 알고 있는 경우가 많다. 그렇다면 이들은 이론을 많이 알고 있으면서도 왜 '대물림'의 굴레에서 벗어나지 못할까?

자신이 처한 상황에 대해 주변 사람들과 의논하거나 책과 인터넷 등을 뒤져서 정보는 많이 알지만, 상처받은 감정 때문에 처한 상황에서 한 발자국도 벗어날 수 없는 것이다. 자신을 괴롭힌 아버지에 대한 분노를 스스로 다스릴 수 없는 까닭이다.

가족이라는 착각

화를 표현할 줄 모르고, 다루지 못하는 사람에게 대물림의 양상은 흔하게 나타난다.

병헌 씨 같은 사람은 우선 자신의 감정을 솔직하게 대면할 줄 알아야 한다. 내가 왜 아픈지, 어째서 힘든지, 아프고 힘든 내 감정의 정체가 무엇인지를 두려워하지 말고, 회피하지 말고, 정확하게 직면해야 한다. 치유의 출발은 바로 여기에서부터 시작된다. 만약 정서적 학대와 물리적 폭력으로 인해 상처를 주고받는 가족의 굴레에서 벗어날 수 없다면, 의료진이나 전문기관에 구체적 도움을 요청하는 것도 좋은 방법이다.

우리는
어쩌다 '침묵 가족'이
되었을까

소통 장애

민기는 겉보기에 아무런 문제가 없어 보이는 스물네 살 대학생이다. 집안 형편도 넉넉하고 가족관계도 단란해서 주변의 부러움을 산다. 아빠는 중소기업을 운영하는 사업가이고, 엄마는 알뜰살뜰한 전업주부이다. 민기는 초등학생 때까지만 해도 동네에서 모르는 사람이 없을 정도로 외모가 준수하고 활달한 아이였다. 어딜 가나 눈에 띄었다.

그런데 초등학교 고학년에 접어들면서 민기를 향한 엄마의 태도가 점점 달라졌다. 학업 압박을 심하게 한 것이다. 민기의 엄마는 민기의 학교 시험은 물론이고 학원 숙제까지 일일이 확인하고 간섭했다.

"이건 정신만 똑바로 차렸으면 맞힐 문젠데, 집중을 안 해서

틀린 거잖아?"

"내일 시험은 정말 중요해. 지난번처럼 같은 실수를 하면 안
돼. 알았지?"

민기의 엄마는 어떤 날은 밤늦게까지 민기를 붙잡고 공부시
켰고, 민기의 성적이 기준에 못 미칠 때는 고개를 들지 못할 만
큼 아들을 야단쳤다. 민기는 갈수록 공부에 흥미를 잃었다. 중
학생이 되면서부터는 선생님이나 친구들과도 쉽사리 어울리
지 못했다. 활발한 성격은 간데없고 늘 주눅들고 의기소침했
다. 고등학생 때까지 이런 상황이 이어졌다.

젊은 나이에 자수성가한 민기의 아빠는 워낙 바빠서 아들과
대화를 나눌 시간조차 없었다. 나날이 사업이 번창하면서 소
위 성공한 사람들과 교제할 기회가 많아지자, 하나뿐인 아들에
대한 기대감이 덩달아 높아졌다.

그러나 민기는 아빠의 간절한 바람과 달리 두각을 나타내지
못하고 점차 소심한 아이로 변해갔다. 아빠는 그런 민기를 보
기만 하면 이것저것 트집을 잡아 윽박지르고 괜스레 짜증을 내
기 일쑤였다.

"사내자식이 왜 쭈뼛거리면서 살아? 어깨 쫙 펴고 당당하게
살란 말이야!"

"내가 너라면 악착같이 공부해서 1등 한번 하겠다. 너는 그
런 오기도 없냐?"

민기는 입시 정보에 밝은 엄마 때문에 겨우 대학을 갈 수 있었지만, 여전히 공부에 흥미를 못 느꼈다. 군 복무를 마치고 복학한 지금도 민기는 하루를 거의 혼자 보낸다.

여전히 사업에 바쁜 아빠는 일찍 나갔다가 늦게 들어오니 얼굴 마주칠 일이 별로 없고, 엄마는 민기가 일류 대학에 입학하지 못했을 때부터 포기한 듯 잔소리를 끊었다. 민기는 혼자 집에 있을 때마다 '내가 히키코모리가 된 걸까?'라고 생각했다고 한다.

사회생활에 적응하지 못하고 집 안에서만 사는 사람을 뜻하는 히키코모리. 어쩌다 민기는 스스로 히키코모리라고 생각할 지경에 이르렀을까?

어떤 문제도 없고 단란해 보이는 가족, 남들에게 부러움을 사는 행복한 가족처럼 보이지만 실상 이면은 다를 때가 있다. 한 가족의 속사정은 제삼자가 속속들이 알기 어렵다. 가정사는 보이는 모습이 다가 아니기 때문이다.

민기네 가족은 아빠, 엄마, 아들 세 사람이 같은 집에 살지만, 저마다의 성을 쌓고 살아가는 전형적인 '한 지붕 세 가족'이다. 이는 비단 민기네 집 문제만은 아니다. 갈등을 겪는 가족에게 흔히 보이는 양상이다.

권위적이고 강압적인 방법으로 가족을 대하는 아빠, 사사건건 잔소리를 입에 달고 살면서 자녀의 일기수일투족이 마음에 들지 않는 엄마, 이런 아빠와 엄마 때문에 집에 있기 힘들고, 한번 나오면 다시 들어가기 싫은 아들……. 민기 네는 가족이 지만 소통도 없고, 공감도 이루어지지 않는 '침묵 가족'이다. 소통 장애Communicative Noise 상태이다. 이런 가족은 소통의 실마리를 어디에서부터 풀어야 할까?

○○●

꼬인 관계를 푸는 과정

가족의 출발은 두 명의 부부로부터 시작하지만, 자녀가 생기면 삼각관계를 형성한다. 부부가 둘만 있을 때는 갈등이 생기면, 중재자가 없으니 누구든 둘 중 한 명이 화해의 손길을 내밀어 결말을 낸다. 그러나 자녀가 태어나면 문제가 달라진다. 자녀로 인해 부부 사이의 갈등이 줄기도 하지만, 반대로 악화하기도 한다.

이 미묘한 삼각관계로부터 축적된 긴장과 갈등은 가족관계의 고유한 형태인 양 고착되기도 한다. 그러나 자녀는 부부 사이에서는 엄연히 제삼자이고 타인임을 잊지 말아야 한다.

창희 씨는 가족과 감정적 교류가 어렵다. 아내와 사랑해서 가정을 이뤘지만 결혼생활을 하면 할수록 아내와 관계가 소원해졌다. 창희 씨의 아내도 남편과 관계에서 상당히 거리감을 느꼈다. 아내는 남편이 그럴수록 아이에게 더욱더 관심을 쏟았다. 특히 첫째 아이에게 과도하게 애착을 보였다. 첫아이에 대한 사랑이 남달랐던 까닭이다.

부모가 자녀에게 과도한 애착을 보일 때, 보통 장녀이거나 장남일 때가 많다. 아니면 애착의 대상이 가장 늦게 낳은 막내나 자신과 제일 닮은 아이일 가능성도 있다.

창희 씨의 아내는 불안을 달래기 위해 아이에게 집착에 가까운 관심을 보였다. 아내와 아이의 관계가 가까워지면 가까워질수록 창희 씨는 더욱 가족과의 거리가 멀게 느껴졌다.

남편과 아내 사이에서 생긴 상처는 자녀에게까지 악영향을 끼친다. 이 사례의 경우도 피해는 자녀에게 고스란히 전달된다. 남편과 소원해진 아내가 자신의 불안으로 인해 자녀에게 집착하고 몰두할수록 자녀는 독립적이지 못하다. 자녀가 나이 들면서 어른의 역할과 기능을 해야 하는데, 부모의 잘못된 관계가 아이를 성장하지 못하게 한다. 결국 악순환은 끊이지 않고 다른 구성원에게 거듭되는 것이다.

○○●

거리를 두려는 자를 쫓지 않는 법

자신의 감정을 좀처럼 표현하지 않는 권위적인 남편과 매사 날카롭고 예민하게 반응하는 아내 사이에는 특징적인 상호 작용이 이뤄진다. 그것은 '쫓아가는 자Pursuer'와 '거리를 두려는 자Distancer'로 나뉘는 상호작용이다. 부부 중 한 사람이 대화하려고 상대방에게 다가갈수록 다른 한 사람은 대화를 피한다.

대화하려는 사람이 아내이고, 거리를 두려는 사람이 남편이라고 해 보자. 남편은 의도적으로 텔레비전을 보거나 바쁜 척하거나 일부러 직장에서 늦게 퇴근하면서 아내와 마주치지 않으려고 한다. 이렇게 도망가는 남편을 억지로 붙잡지 않는 것이 원칙이다. 아내가 성난 표정으로 텔레비전을 꺼 버리거나 뭐가 바쁘냐고 화를 내거나 무서운 얼굴로 퇴근하는 남편을 현관 앞에서 노려본다고 문제는 해결되지 않는다. 갈등만 증폭될 뿐이다. 이럴 때는 침착하게 한 박자 쉬고 마음을 다스려야 한다.

만약 당신이 쫓아가는 자라면, "내 인생에 저 사람 외에 무엇이 중요한가?"라고 스스로에게 질문을 던진다. 그렇게 당신의 내적 공허감을 탐색한다. 이럴 때, 한 발자국 떨어져 거리를 두려는 자를 타인으로 여기는 방법도 상황을 객관화하기 좋다.

부부의 정서를 키우는 방법 중에 잘 알려진 '내 입장I-position'에서 이야기하기가 있다. 자신의 부정적인 감정을 진술하게 표현하되 상대방을 비난하는 방식이 아닌, 오직 자신의 내면 속 감정을 솔직히 드러내 '나'를 이야기하는 방식이다. 예를 들어 "당신, 똑바로 해!"라고 분노를 표출하기보다는 "당신 행동을 보니 내가 화가 나고 슬퍼"라고 표현함으로써 부드럽게 자신의 감정을 상대에게 드러내는 식이다.

앞서 자녀는 부부관계에서 타인이자 제삼자라고 했지만, 역설적으로 보면 삼각관계는 두 사람만의 쌍방관계일 때보다 긴장과 갈등을 풀기 쉽다. 윽박지르는 아빠가 소통을 가로막는다면 딸이 부드러운 중재자가 될 수 있고, 잔소리가 심한 엄마가 대화에 장애가 된다면 아들이 관계를 풀 열쇠가 될 수 있다.

많은 사람들이 가족 간의 갈등으로 병원을 찾는다. 가족 문제에서 다행스러운 사실은 가족 중 한 사람의 변화로 가족 모두가 변화할 수 있다는 것이다. 모든 가족이 치료에 참석하지 않더라도 한 사람의 변화가 가족에게 긍정적인 영향을 미친다. 문제는 '그래서 누가 나설 것인가'이다. 해결의 실마리는 가족을 가장 사랑하는 사람에게 있지 않을까?

가족끼리
더 무서운
차별과 서열

둘째 딸 증후군

40대 중반의 민경 씨는 난생처음 정신건강의학과를 방문했다. 그녀에게는 열 살 아래인 남동생이 있다. 민경 씨의 어머니는 3녀 1남 중 차녀인 민경 씨에게 종종 이렇게 말했다고 한다.

"네가 자식 중에 가장 말을 잘 듣는 착한 아이였어. 한 번도 내 말을 어긴 적이 없었지."

가정 형편이 어려웠기에 민경 씨의 언니는 고등학교를 졸업한 뒤 바로 취업했고, 민경 씨 역시 별다른 고민 없이 상고를 나와 직장생활을 했다. 그 뒤로 20년 넘게 다른 생각을 할 겨를도 없이 돈 버는 일에만 매진했다. 민경 씨는 하나뿐인 남동생을 공부시키면서 집안 살림을 도맡아 했다. 그러는 동안 언니와 여동생은 결혼했고, 남동생은 해외 유학을 다녀와 국내 명문대에서 박사학위를 준비했다. 여전히 경제력이 없는 데다 연로한 부모님은 민경 씨가 돌보지 않으면 생계조차 막막한 상황이었다. 민경 씨는 분주히 사느라 결혼도 못했다.

문제는 아버지가 직장암 판정을 받고 투병하면서 생겼다. 민경 씨는 회사와 병원을 오가면서 어머니와 교대로 아버지를 병간호하느라 몸이 열 개라도 모자랄 정도로 힘들게 지냈다. 하지만 다른 형제들은 이런저런 핑계를 대며 잘 나타나지 않았다. 어머니의 태도는 더 했다.

"다들 바쁘니 어쩌겠니. 힘들겠지만 착한 네가 참아야지."

어머니는 병원에 얼굴도 비치지 않는 다른 자식들을 나무라지 않았다. 어쩔 수 없다면서 병든 아버지 봉양을 민경 씨에게 몽땅 떠넘겼다. 민경 씨는 결혼도 거른 채 평생 동생을 뒷바라지하며 부모를 모시고 살았는데, 어머니는 민경 씨에게 전혀 미안하거나 안쓰러운 마음이 없었다. 민경 씨는 혜택만 누리면서 의무는 다하지 않는 다른 아들딸에게 한없이 이해심 많고 너그러운 모습을 보이는 어머니가 너무 야속했다. 열 손가락 깨물어 안 아픈 손가락 없다는 말은 책에만 존재한다고 여겼다. 괴로운 마음을 견디다 못한 민경 씨는 병원을 찾아 하소연하기에 이르렀다.

"제가 왜 이렇게 살아야 하는 걸까요? 무슨 큰 죄를 지은 것도 아니고……."

가족이라는 착각

민경 씨에게 가족은 '무거운 짐'이었다. 자신의 힘으로는 도저히 치울 수 없는 커다란 돌덩이 같은 짐. 벗어날 수도 없었다. 민경 씨에게는 부모나 형제자매 얼굴을 마주하는 것조차 스트레스였다. 착한 둘째 딸의 역할로부터 도망치고 싶었다. 민경 씨는 가족에 대한 회의감과 우울증이 점점 더 깊어졌다.

○○●

불행한 가족에게만 있는 어떤 것

민경 씨네 가족이 행복하기 위해 필요한 조건은 무엇일까? 가족의 행복을 구성하는 요소에는 여러 가지가 있지만, 모든 가족 구성원이 같은 눈높이에서 서로를 바라보면서 책임과 의무를 균등하게 나누는 요소이어야 한다. 그러려면 가족 내의 평등이 합리적으로 유지되는 기준이 필요하다.

서열과 차별이 존재한다면 행복한 가정은 이루기 어렵다. 누군가는 힘들고 괴로운데 누군가는 편하고 즐겁다면 평등하지 않은 가족이고, 이런 가족 사이에 행복을 꽃피우기는 힘들다. 가부장적 아버지, 자식을 편애하는 어머니가 부모라면 가족 내에 서열이 정해지고 크고 작은 차별이 진행된다.

요즘 아들딸 하나씩을 둔 4인 가족의 서열은 어떻게 매겨질까? 1위는 엄마, 2위는 딸, 3위는 아들, 4위는 강아지, 5위는 아빠라고 한다. 우스갯소리지만 실제로 이런 가족이 적지 않다. 여기에다가 공부를 잘하는지 못하는지, 특기가 있는지 없는지, 외모가 뛰어난지 평범한지, 말주변이 좋은지 나쁜지 등에 따라 서열이 바뀌기도 한다. 이런 서열을 바탕으로 한 차별이 가족끼리 수평적 소통과 대화를 불가능하게 만든다. 어떻게 하면 가족이 수평적 관계에서 서로에게 눈높이를 맞추면서 살 수 있을까?

○○●

서열은 왜 생길까

'둘째 딸 증후군Second Daughter Syndrome'이라는 개념이 있다. 보통 큰아이는 가족 내에서 '맏이'라는 이름에 걸맞은 책임감과 자율성이 보장된 아이로 성장할 가능성이 크다. 막내 아이는 비교적 자유로워 한껏 응석을 부리면서 사랑을 듬뿍받는 아이로 자라는 경우가 많다. 그러나 둘째 아이는 맏이나 막내보다 관심을 덜 받고 큰다. 상대적으로 자존감이 낮고 다른 형제자매에게 질투를 많이 느낀다. 부모에게 더 많은 관심을 받고 인정받는 아이가 되기 위해 과도하게 착한 아이가 되거나 지나치게

가족이라는 착각

경쟁의식을 갖는 아이로 자라날 우려를 낳는다. 이와 같은 징후를 둘째 딸 증후군이라고 한다.

하지만 오히려 둘째 딸 증후군이 있는 아이가 성인이 되었을 때는 남들보다 훨씬 적극적인 성취지향형 인물로 변하고, 다른 형제자매에 비해 폭넓은 대인관계를 맺기도 한다. 불합리와 결핍을 도리어 발전의 원동력으로 삼는 것이다.

개인심리학의 창시자인 오스트리아 정신의학자 알프레드 아들러Alfred Adler는 가족 구조와 출생 순서가 성격에 중대한 영향을 미친다고 주장했다. 아들러는 자신이 어릴 때부터 병약했던 데다가 둘째 아들이었고, 형과 사이가 나빴던 탓에 형제간의 출생 순서와 성격의 관계를 연구했다. 그에 따르면 아이들의 생활양식이 대개 여섯 살 이내에 정해지기 때문에 유아기의 형제관계가 성격 형성에 큰 영향을 끼친다고 한다.

한 인간의 성격이 형성되는 원인을 출생 순서에 따른 특성만으로 모두 설명할 수는 없지만, 대표적인 특성을 알아두면 개인의 성격을 이해하는 데 적잖이 도움이 된다.

다음은 출생 순서에 따른 자녀의 특성이다.

- 첫째(맏이): 일반적으로 가장 많은 관심을 받는다. 첫째가 외동으로 지내는 시간 동안, 아이는 관심을 집중적으로 받

으며 다소 버릇없게 키워진다. 전형적으로 의존적이고 노력하기를 어려워하는 경향을 보인다. 그러나 동생이 태어나는 순간, 아이는 더 이상 자신이 독특하거나 특별하지 않다는 사실을 깨닫는다. 첫째는 새롭게 태어난 아이(불청객)에게 그동안 받았던 사랑을 빼앗기리라 믿는다. 그래서 흔히 첫째는 동생의 본보기가 되고 동생을 부리며 높은 성취 욕구를 나타냄으로써 맏이로서 자신의 위치를 다시 확립한다.

- 둘째: 둘째는 태어났을 때부터 첫째와 관심을 나누어 가진다. 전형적으로 둘째는 마치 경주하는 듯 행동하며 언제나 전력을 다한다. 마치 둘째가 첫째를 뛰어넘기 위해 훈련을 하는 듯 보인다. 첫째와 둘째 사이의 경쟁은 그들의 남은 삶에 영향을 미친다. 둘째는 첫째의 약점을 발견하기 위해 능력을 개발하고, 첫째가 하지 못하는 부분에서 뛰어난 능력을 발휘함으로써 선생님과 부모님에게 칭찬을 받으려는 경향이 있다. 만약 첫째가 어느 한 분야에서 뛰어난 두각을 보이면, 둘째는 다른 분야에서 인정받기 위해 더 노력한다. 이렇듯 둘째는 종종 첫째와는 상반된 모습을 보인다.

- 중간 아이: 중간 아이는 종종 자신이 형제자매 사이에 끼었다고 느낀다. 이들은 삶이 불공평하고 자신을 기만한다고 생각한다. 이들은 '나는 불쌍해'라는 식의 태도를 가질 확률이 높기에 문제아가 될 수 있다. 하지만 갈등이 많은 가족 안에서 중간 아이는 이를 잘 아우르는 중재자 역할을 한다. 가족에 네 명의 아이가 있다면 둘째가 중간 아이와 같은 감정을 느낀다. 그리고 셋째는 성격이 좀 더 느긋하며, 다른 형제자매에 비해 좀 더 사회적이다. 중간 아이는 첫째와 친하게 지낼 가능성이 크다.

- 막내: 항상 가족 내에서 아기이며, 가족 모두가 자신을 애지중지 여김을 안다. 과잉보호를 받기 때문에 무력감이 독특하게 발달하고 타인으로부터 도움받기를 당연하게 여길 수 있다. 그렇지만 막내는 가족 중 누구도 시도하지 않은 길을 두려움 없이 선택함으로써 자신의 방식대로 살아가고, 때때로 다른 형제자매보다 더 나은 삶을 살기도 한다.

- 외동 아이: 나름대로 무게를 가지고 있다. 강한 성취동기를 가지는 등 첫째와 비슷한 특징을 지니지만, 다른 아이들과 나누거나 협력하는 법을 잘못 배울 수도 있다. 외동

아이는 부모에게 애지중지 키워져서 엄마나 아빠 또는 부모 모두에게 의존하기도 한다. 외동 아이는 항상 무대 중심에 서기를 원하기에 자신의 위치에 누군가 도전하면 불공평하다고 느낀다.

이처럼 출생 순서와 가족 구조 안에서 자신의 위치에 대한 이해는 어른이 된 뒤 세상과 어떻게 관계를 맺는지와 관련이 있다. 개개인은 유아기에 타인과 관계를 맺는 방식을 터득하고, 성인이 되었을 때 대인관계에서 실행할 수 있는 자신만의 독특한 그림을 구성한다. 특히 아들러의 연구에 기반한 치료에서는 형제, 자매를 가족 역동성과 함께 파악하고 작업하는 것이 중요하다.

착한 아이가 아니라는 마음

앞의 사례에서 민경 씨는 전형적인 둘째 딸 증후군이었다. 힘든 일은 자신이 홀로 감당하면서 가족들로부터 인정받으려고 무진장 애를 썼다. 어렸을 때는 성취감을 맛보며 질주하느라 뒤돌아보거나 자신의 삶을 조용히 성찰할 기회가 없었으나 중년에 이르러 문득, 또는 하나의 사건을 계기로 지난 시간을 돌이켜 봤을 때 허탈감과 허망함이 밀려왔다. 자신이 무엇을 위해, 누구를 위해 그토록 아등바등하며 살았는지 회의가 밀려온 것이다.

가족 안에서의 서열과 차별은 저절로 생기지 않는다. 가족 구성원 중 누군가 잘못된 구조를 만들기 때문에 생긴다. 이럴 때 피해를 받는 다른 가족은 치명적 상처를 받는다. 가족끼리 주고받는 상처는 씻기지도 않고 물릴 수도 없다. 서열과 차별은 저절로 없어지지도 않는다. 가족 구성원 모두의 결단과 노력이 필요하다. 특히 아빠나 엄마, 또는 첫째 등 영향력 있는 사람이 먼저 나서서 바로잡으려 애써야 한다.

그렇지 않다면 스스로 차별 대우를 받는다고 생각하거나 가족을 위해 짐을 짊어진다고 느끼는 사람이 솔직히 털어놓는다. 용기를 내어 가족에게 힘들다고, 아프다고, 나를 좀 더 배려하고 존중해 달라고 분명히 말해야 한다. 표현하지 않으면 아무도 모른다.

착한 아이가 되려고 노력할 필요는 없다. 인정받으려 애쓰지 않아도 된다. 무조건 참고 넘어가지 않아도 괜찮다. 혼자서 끙끙 앓으면서 전부 감내하지 않아도 된다. 우리는 모두 가족 공동체의 한 일원일 뿐이다.

출생 순서와 가족 구조 안에서
자신의 위치에 대한 이해는 어른이 된 뒤
세상과 어떻게 관계를 맺는지와 관련이 있다.

가족 때문에 힘든 사람이라면 가족이 다 모인 자리에서 모두의 눈을 똑바로 바라보면서 이렇게 말했으면 좋겠다.

"저 착한 자식 아니에요. 말 잘 듣는 둘째도 아니고요. 그러니 서로 공평하게 하자고요."

똑같은 자식인데 비교하는 부모

비교 평가

자녀를 많이 낳았던 과거에는 가정에서 형제자매를 비교하는 일이 잦았다. 주로 부모가 아이들을 비교했다. 공부 못하는 자녀는 공부 잘하는 자녀와 비교했고, 운동 신경이 부족한 자녀는 운동 신경이 뛰어난 자녀와 비교했으며, 말을 잘 못하는 자녀는 말재주가 남다른 자녀와 비교했다. 심지어 밥을 잘 안 먹는 아이, 일찍 잠자리에 들지 않는 아이, 부모님이 시키는 심부름을 하기 싫어 하는 아이도 그렇지 않은 동기간과 수시로 비교하던 시절이 있었다.

부모가 형이나 누나를 동생과 비교하면서 나무랄 때는 흔히 이런 말로 꾸중했다.

"너는 어째 하는 짓이 동생만도 못하냐. 부끄럽지도 않아?"

마치 꾸중의 표준 문장과 같았다. 반대로 부모가 동생을 형이나 누나와 비교하면서 나무랄 때, 단골말로 쓰던 표준 문장은 대개 이랬다.

"형만 한 아우 없다는 말이 딱 맞네. 네 형 반만 좀 닮았으면 좋겠다."

"누나에게 버릇없이 그게 무슨 짓이야? 누나처럼 좀 착하고 의젓해 봐라."

어린 시절 가장 듣기 싫었던 말 가운데 하나가 바로 누군가와 비교당하는 일이었을 것이다. 매일 한솥밥 먹는 동기간이라면 더 비교당하고 싶지 않았음이 자명하다.

지구촌에 수많은 사람이 살아가지만, 똑같은 사람은 한 명도 없다. 쌍둥이도 성격이나 기질이 다르다. 모든 사람은 저마다 특징과 개성이 다르고, 그것을 드러내고 발휘하며 사는 것이 인생이다. 부모가 미숙해서 자기 아이를 쉽게 병들게 하는 선부른 판단이 바로, '비교 평가'다.

형만 편드는 부모, 동생만 사랑하는 부모

형이 잘못해 동생과 다투는 상황을 가정해 보자. 이때 부모가 무조건 형의 편을 들고 동생을 나무란다면 어떨까?

동생은 분명 자신의 잘못이 아닌데, 혼이 나서 속상하고 억울할 게 빤하다. 형도 마찬가지다. 자신의 잘못을 스스로 인지하는 마당에 부모가 자신을 감싸고 편을 들면 당황스럽다. 앞뒤 가리지 않고 형이라는 이유로 두둔하면 형도 죄책감을 느낀다. 또 다른 경우에 형은 집 안에서처럼 집 밖에서도 자기주장만 내세워 싸우다가 친구관계가 어려워질 수 있다. 자녀를 각각 대할 때는 처한 상황을 제대로 본다. 부모가 아이에게 신뢰를 줘야 아이들이 다른 형제에게 질투도 덜 느낀다.

만약 한 아이의 잘못이 커 보인다고 그 아이만 야단을 치면, 그 아이는 부모의 편애를 의심하고 더 억울해하며 분노를 느낄지도 모른다. 형제자매 사이의 다툼이 갈수록 거칠고 길어지는 지름길이다. 가능한 부모는 아이들 싸움에 개입하지 않고 천천히 두고 보는 편이 좋다.

그러나 아이들 싸움이 너무 길어지거나 신체적인 폭력으로까지 이어진다면 싸움을 중단시킨다. 이때도 싸움을 멈추게만 할 뿐 왜 싸웠는지, 누구 잘못인지 잘잘못에 관한 판단은 하지 않는다. 굳이 잘못을 지적해야 한다면 어느 한쪽 편을 들지 않고 공정히 판단한다. 싸움을 벌인 사실에 대해서 부정적으로 반응하기보다는 아이들이 스스로 대화로 화해하기를 기다리는 편이 좋다. 즉각 싸움을 멈췄다면 그 행동에 대해 칭찬하는 것도 좋은 방법이다.

만약 부모가 자녀 간 갈등을 중재하기 어렵다면 부모 자신을 돌아보는 시간이 필요하다. 어떤 경우는 부모가 너무 지쳐서 자녀의 싸움에 개입할 힘이 없을 수 있다. 싸움을 지켜보면서 인내하고 적절히 개입할 수 없기에 빨리 다툼을 끝내려고 섣불리 결론을 내린다.

부모가 화가 났을 경우에도 시간이 필요하다. 자신도 화가 나서 자녀들에게 버럭 화만 내고 끝낼 수도 있다. 부모 자신도 갈등을 다루는 데 미숙한 경우다. 갈등을 못 다루는 이유는 자신도 그렇게 양육받았기 때문이다. 부모도 차별하는 부모 밑에서 자랐났기에 한쪽 편만 든다. 형이나 누나 또는 동생에게만 감정 이입해 자신이 직접 싸움에 참견하기도 한다. 이 외에 여러 이유가 있으나 부모 먼저 원인을 찾아 거기서 벗어나는 일이 가장 중요하다.

부모가 계속해서 형제자매를 비교한다면 어떨까?

자녀들은 점점 우열을 가리게 된다. 이는 자녀에게 시기, 분노, 열등감, 위축감, 자만심, 경멸 등 부정적인 감정을 심어 주는 일이다. 부모 편에서 보자면, 한 아이는 말도 잘 듣고 부모를 편하게 하는 데 반해, 다른 아이는 짜증도 많고 부모를 불편하게 할 수도 있다. 그럴 때 부모는 아이들 각각의 성격과 태도가 다를 수 있음을 인정하고, 한 배에서 태어났다고 해서 아이들이 다 같지 않다는 사실을 인지하며 받아들이는 자세가 필요하다.

○○●

아이에게 유죄 판결을 내릴 것인가

자녀를 많이 낳지 않는 요즘은 부모들이 옆집 아이, 같은 또래 친구의 자녀, 또는 매스컴에 나온 아이와 자신의 아이를 비교하기도 한다. 이는 자녀를 하나의 인격체나 독립된 존재로 인정하고 존중하지 않는 행위이다. 친하지도 않고 생전 본 적도 없는 아이와 수시로 비교당하는 아이의 비통한 심정은 이루 말할 수 없을 것이다.

완벽주의자 부모는 자신과 아이를 비교하기도 한다. 공부 잘해서 명문대를 우수한 성적으로 졸업한 부모, 해외 유학을 다녀와 여러 개 박사학위를 가진 부모, 일류 기업의 임원으로 승승장구한 부모, 자수성가해서 많은 부와 명예를 얻은 부모일수록 그렇지 못한 자녀를 냉소적으로 바라본다. 이런 부모는 부부싸움을 하면서 느닷없이 자녀를 끌어들이기도 한다.

"당신이 그러니까 저런 아이가 태어났지. 나 닮았으면 쟤가 저렇게 공부를 못하겠나?"

"사돈 남 말하네. 쟤가 저렇게 멍청하고 우둔한 탓은 다 당신 때문이야. 이거 왜 이래?"

이런 말을 들은 아이는 우울감을 느낀다. 아이는 자신의 나쁜 모습을 직면하면서 심한 좌절감을 느낄 수밖에 없다. 자존감도 절로 떨어진다.

독일의 교육 전문가인 하이데마리 브로셰Heidemarie Brosche는 자신의 저서 《비교하지 않는 습관》에서 아이를 다른 아이와 비교한다면 아이에게 '유죄 판결을 내리는 것'이라고 말한다. 작가이자 교사이며 세 아들을 둔 엄마이기도 한 저자는 아이의 약점 속에서 강점을 찾는 일이 중요하다고 강조한다. 이를테면 조용하고 내성적인 아이는 독립적이고 생각이 깊으며, 고집 세고 반항적인 아이는 내적인 강인함을 지닐 가능성이 크다는 것이다.

따라서, 아이를 동기간 또는 남과 비교해서 약점을 야단치고 고치려 하기보다 내 아이만이 가진 개성과 장점을 찾아 칭찬과 격려를 아끼지 않는 자세가 필요하다. 그래야 아이는 부모의 지지 속에 자존감이 높은 아이로 성장한다.

좋은 부모는 아이를 비교하지 않고, 아이의 개별적 요구에 즉각적으로 민감하게 반응한다. 부모가 적절하게 반응하면 아이는 안정감을 느낀다. 자신이 보호받으며 대접받을 만한 사람이라고 생각하며 자존감을 형성한다.

가족이라는 착각

한 배에서
태어난
최초의 경쟁자

형제간 경쟁

하루는 40대 초반의 남성 한 분이 진료실로 들어섰다. 초진이었는데, 낯빛이 상당히 어두웠다. 그는 경제적으로 매우 어려운 집에서 장남으로 태어났다고 했다. 동생은 무려 셋이나 됐다. 경제력 없는 부모는 몸까지 허약했다.

그는 겨우 고등학교를 졸업해 야간 대학을 다니며 사실상 가장 노릇을 했다. 돈 버는 일이라면 뭐든지 했다. 그러면서 동생들이 대학까지 마치도록 뒷바라지했다. 그가 결혼하고 얼마 지나 아버지가 돌아가셨다. 숙환 중인 어머니는 자신이 모셨다. 그 뒤로 동생들은 독립하거나 결혼해 분가했다.

어느 날, 밤중에 잠이 깨서 어머니 방에 들어갔더니 어머니가 혼수상태였다. 그는 119에 신고해 구급차로 가까운 병원 응

급실로 향했다. 구급차 안에서 그는 하염없이 울었다. 어머니를 향한 애잔한 안타까움이었는지, 자신의 처량한 신세에 대한 서러움이었는지 모를 눈물이 멈추지 않고 흘렀다고 했다.

다행히 어머니는 고비를 넘겼지만, 동생들은 이튿날 아침 병원에 잠깐 들르거나 전화로 호들갑을 떨고는 끝이었다. 특히 바로 아래 남동생은 바쁘다며 오지도 않았다. 남동생은 의대를 나와 부잣집 딸과 결혼한 덕에 병원까지 개원해 잘사는데도 어머니에게 무심하고 형과 형수에게 데면데면했다.

남동생과는 어릴 때부터 다툼이 잦았다. 바로 아래 동생이라 엄하게 대하기도 했다. 그런데 이제는 동생이 자신을 무시하는 눈초리로 쳐다보는 듯하다며 괴로워했다. 그러던 어느 날, 그는 가슴에 납덩이가 들어앉은 듯 가슴이 무겁고 답답함을 호소했다. 그리고 진료실을 찾아온 것이다.

○○●

형은 동생을 왜 미워했을까

1996년부터 이듬해까지 방영되었던 〈형제의 강〉이라는 드라마가 있다. 1960년대에서 1980년대에 이르기까지 격동의 세월 동안 경남 밀양을 무대로 펼쳐지는 어느 가족사이자 산업화

시대의 자화상을 다룬 작품이다. 이 드라마의 주요 시청 포인트는 삼부자 사이의 애증과 갈등이다.

아버지 서복만은 가난한 집안을 위해 일하기는커녕 아내를 구박하고 주색잡기에 빠져 산다. 자식들 중에도 장남 준수에게만 모든 애정을 쏟아붓는다. 그가 준수에게 희망을 거는 이유는 지역에서 소문난 수재였기 때문이다. 서복만은 오직 준수가 출세한 뒤에 따라올 부귀와 영화에만 관심을 가진다. 서복만은 준수가 서울대 법대에 들어가 판검사가 되고 국회의원과 장관이 되기를 소망한다.

큰아들 서준수는 열악한 환경에도 타고난 두뇌와 엄청난 노력으로 엘리트의 길을 걷는다. 아버지의 유일한 희망으로 자라났지만, 귀하게만 떠받들어지며 자라서인지 인간미 없는 사람이 되었다. 형제들의 희생을 딛고 공부에 매진해 사법시험에 합격하고 출세했으나 가족은 물론 고향 사람 모두를 배신한다. 가난하고 못 배운 가족들을 냉소한다.

둘째 아들 서준식은 인간미가 넘치고 힘이 좋으며 불의를 보면 참지 못하는 인물이다. 아버지에게 많이 맞고 자랐지만, 묵묵히 어머니 곁을 지키며 남동생 준호와 누나 정자를 살뜰히 돌보고 챙긴다. 그러나 형하고는 갈등이 많았다. 이기적인 형에게 대들고, 가족을 위해 살라며 저항한다. 사랑하는 여자마저도 형에게 빼앗기고 조직 폭력배가 되어 형 때문에 옥살이도 한다. 그럼에도 시종일관 가족의 화합을 위해 무던히도 애쓴다. 서준식의 노력에도 워낙 성향이 다른 식구들이라 끝내 행복한 가족의 모습을 이루지 못하고 드라마는 비극으로 막을 내린다.

드라마 속 이야기지만 현실 가족에게 시사하는 바가 크다. 가족은 세상에서 가장 가까운 혈연이지만, 관계가 건강하게 유지되려면 타인을 대하듯 존중과 배려가 전제되어야 한다. 한 사람에게만 혜택이 가고, 다른 사람은 손해를 본다면, 온전한 가족관계가 유지되기 어렵다.

드라마 속 서준식처럼, 진료실을 찾은 중년 남성처럼 가족 구성원 중에 누군가의 피눈물 나는 희생 덕분에 누군가가 빛나는 성공을 거둔다면, 성공의 열매는 어디로 돌아갈까? 그리고 성공의 열매를 맛보며 모두가 같은 마음으로 웃을 수 있을까? 돌아올 수 없는 시간 속에 쓰라린 상처만 남을 공산이 크다.

경쟁은 본능이지만 행복은 노력

형제간 경쟁 Sibling Rivalry 은 인간의 본능이다. 형제자매는 태어나면서부터 존재하는 경쟁자다. 형제간이 한 부모를 두고 애정 다툼을 벌이며 경쟁하며 발생한다. 본능적으로 매사에 경쟁한다. 두세 살 된 형제자매가 자신의 장난감을 가지고 놀면서 서로 비교하는 모습을 봐도 알 수 있다. 아이들은 다른 형제자매의 장난감을 쳐다보며 부러워하면서도 한편으로는 자신의 장난감을 빼앗기지 않으려 한다. 어렸을 때부터 비교와 시기심은 자연스럽게 형성된다. 세상 모든 것을 다 가지려 하지만, 옆의 경쟁자 때문에 불가능하다는 사실도 깨닫게 된다.

그러면서 시기심이 생긴다. 자신과 비슷한 형제자매가 가진 것은 더 시기한다. 작게는 보잘것없는 장난감을 두고, 크게는 부모의 사랑을 두고서 서로 독차지하기 위해 격렬하게 다툰다. 형제자매 간에 나이 차가 적을수록 경쟁은 두드러지게 나타나고 나이 차가 많을수록 경쟁 의식이 감소한다.

시기심은 잘만 사용하면 자신을 변화시키는 원동력이 되기도 한다. 장난감을 더 얻기 위해 바르게 행동하고, 엄마의 사랑을 더 받기 위해 열심히 공부하며, 사람들에게 더 인정받기 위해 최선을 다해 일하기도 한다.

그러나 비슷한 상황 속에서 자랐지만 학력이나 경제력 등에서 한 사람은 크게 성공했고, 한 사람은 그렇지 못할 경우에 문제가 된다. 성공하지 못한 사람은 위화감을 느껴 동기간이 어렸을 때보다 더 안 좋아질 수 있다. 서로 경쟁하고, 경쟁에서

지면 자존심에 상처가 난다. 형제자매 중 하나가 크게 성공하면 축하하는 마음보다는 그렇지 못한 자신에게 수치심이 들면서 감추고 싶은 마음이 생긴다. 심지어 형제자매에게 시기심을 느끼는 자신의 모습에 죄책감마저 든다.

이런 열등감과 분노가 악의로 남는다면 결국 자신을 해치는 일이다. 일생을 동기간과 경쟁하면서 시기심에 묻혀 산다면 이 얼마나 아까운 인생의 낭비인가? 여기서 생각할 전제는 피를 나눈 형제자매도 타인이라는 사실이다. 타인과 나를 비교할 필요가 없듯이 형제자매와도 마찬가지이다. 자신의 장점에 집중해서 자신을 존중하는 편이 낫다.

만약 당신이 가족을 위해 희생하는 사람이라서 마음의 병이 생겼다면, 왜 가족을 위해 희생했는지 생각해 봐야 한다. 누군가 먼저 당신에게 요청해서 희생했을지도 모른다. 엄마가 맏이라는 이유로 동생을 위해 희생하라고 했을 수도 있다. 어릴 때는 부모의 말은 절대적이고 거역했을 때 자신이 감당할 수 없다고 생각할 수 있다. 그러나 성인이 되어 독립했다면 나를 고통에 빠뜨리면서까지 부모의 말을 들을 필요는 없다. 그런 희생은 부모와 형제자매를 향한 화만 커지게 할 뿐이다. 커진 화는 결국 내가 감당할 수 없고, 타인이나 나를 향해 다시 돌아와 정신건강을 해친다. 가족관계는 악화될 뿐이다.

일생을 동기간과 비교하면서
시기심에 묻혀 산다면
이 얼마나 아까운 인생의 낭비인가?

아무도 요청하거나 강요하지 않았는데도 스스로 희생하며 살았을 수도 있다. 자신은 부모님을 위해서, 동생들을 위해서 한평생 헌신하고 살아야 한다고 생각했을 것이다. 그런데 늘 가족들이 자신을 인정해 주지 않아서 불만이라면, 이때도 역시 나는 가족 중 누구도 요청하거나 강요하지 않았는데, 왜 스스로 희생했는지 돌아봐야 한다. 가족에게 희생함으로써 가족 구성원들에게 인정받거나 사랑받겠다는 무의식적인 욕구가 있을 수 있다. 더 이상 희생이 힘들고 버겁고 부담스럽다면 그런 생각과 행동을 멈추고 좀 더 자유롭게 사고하고 행동하면서 자기 자신을 위해서 살아가기를 바란다.

부모와
자식은
분리된 관계다

개별화

옛날 어느 마을에 서당이 있었다. 한데 애석하게도 아이들을 가르치는 훈장의 혀가 짧아 발음이 정확하지 않았다. 수업은 훈장이 책을 편 뒤 먼저 읽으면 아이들이 따라 읽고, 뜻을 풀이하는 방식으로 진행되었다. 훈장이 아이들을 둘러본 뒤 근엄한 표정으로 글을 읽었다.

"자, 따라 읽도록 해라. 바담 풍!"

"바담 풍!"

아이들이 훈장의 가르침에 따라 우렁차게 "바담 풍"이라고 따라 말했다. 훈장이 화를 버럭 내며 아이들을 나무랐다.

"어허, 누가 바담 풍이라고 읽는 거냐? 바담 풍이 아니라 바담 풍이야. 다시 바담 풍!"

"바담 풍!"

"아니, 이 녀석들 봐라? 바담 풍이 아니라 바담 풍이라니까!"

아이들은 영문을 알지 못한 채 서로 얼굴을 들여다보며 이상하다는 표정을 지었다.

"바담 풍!"

"바담 풍!"

여러 차례에 걸쳐 이 같은 진풍경이 이어졌다.

나중에야 자신의 혀가 짧아 '바람 풍' 자를 계속 '바담 풍'이라고 읽음으로써 벌어졌다고 알게 된 훈장은 몹시 겸연쩍은 표정으로 아이들을 이렇게 타일렀다.

"그래, 나는 혀짤배기라 '바담 풍' 하더라도 너희는 제대로 '바담 풍' 해야 한다. 알겠느냐?"

"예, 알겠습니다. 바담 풍!"

재미있는 이야기로 웃어넘길 수 있으나 그 안에 담긴 교훈은 자못 진지하다. 어른이나 남들의 본보기가 될 만한 자리에 앉은 사람이 스스로 모범을 보이지 못한 채 부끄러운 일이나 해서는 안 될 잘못을 저지르면서 다른 사람에게는 그러면 안 된다느니, 똑바로 살아야 한다느니 하며 훈계하는 모습을 경계하라는 이야기이기 때문이다. 모순도 이런 모순이 없지만, 현실에서는 이런 일이 자주 벌어진다.

성숙한 사람이라면 자신에게는 엄격하고 남들에게는 관대해야 한다. 그러나 이와는 정반대로 자신에게는 한없이 관대하고 남에게는 지나치게 엄격한 사람이 많다. 일명 '내로남불'이다. 자신의 경우와 다른 사람의 경우에 들이대는 잣대가 너무 다르다 보니 이런 말까지 생겨났다. 스스로에게는 관대하면서 타인에게는 엄격한 기준을 적용하는 이중 잣대의 심리는 가족 내에서도 빈번히 등장한다.

○○●

표리부동한 부모에게서 무엇을 배울까

아이들은 부모를 보고 배우며 따라 한다. 부모의 말과 행동, 습관과 가치관은 가장 가까이에서 이를 관찰하는 아이들에게 그대로 투영된다. 부모는 매일 싸우면서 아이에게는 싸우지 말고 친구들과 사이좋게 지내라고 해 봐야 소용없다. 부모는 툭하면 욕을 내뱉으면서 아이에게 고운 말을 쓰라고 하는 것도 헛일이다. 부모가 학교 선생님을 우습게 알고 막 대하는데 아이가 스승을 존경할 리가 없다. 자기는 부모에게 효를 다하지 않으면서 자녀들은 자신에게 효도하기를 바란다면 헛꿈을 꾸는 것과 같다.

자녀가 부모에게 가장 실망할 때는 말과 행동이 일치하지 않을 때다. 입으로는 교양과 상식, 윤리와 도덕에 맞는 온갖 좋은 말을 하면서 실제 행동은 전혀 그렇지 않은 경우에 자녀는 부모에게 커다란 실망과 괴리를 느낀다.

부모가 정치인, 법조인, 교육자, 성직자 등 신망을 받는 지위에 있을 때 더욱 그렇다. 정치인 부모는 입만 열면 '국가'와 '국민'을 외치면서 실상은 자기 잇속을 챙기는 데 급급하고, 법조인 부모는 남들은 법으로 엄히 단죄하면서 자신은 법망을 피해 부를 축적한다. 교육자 부모는 학생들 앞에서는 도덕군자인 척하면서 뒤로는 비윤리적인 행동을 서슴지 않거나 성직자 부모는 신도들에게는 청렴한 선비처럼 굴면서 비양심적인 일을 태연하게 저지르면 자녀는 어떤 심정일까?

자녀는 표리부동한 부모를 보며 가치관과 윤리관에 큰 혼란을 겪는다. 배신감을 느낀 자녀들은 부모의 기대나 간섭에서 벗어나고자 의도적으로 일탈행위를 저지르기도 한다.

그런데 표리부동한 부모조차도 자신은 나쁜 짓을 하고 살면서도 자녀는 바르게 자라기를 바란다. 이런 심리는 도대체 어디에서 기인할까?

○○●

하고 싶은 일을 결정하는 초자아

정신의학에서 도덕, 윤리, 양심은 '초자아'라는 개념으로 설명한다. 지그문트 프로이트Sigmund Freud는 구조이론을 세웠는데, 그는 인간의 정신은 이드Id, 자아Ego, 초자아Superego 이렇게 세가지로 구성되어 있다고 가정했다.

첫 번째 요소인 '이드'는 모든 심리적 에너지의 원천이다. 원초적이고 본능적인 리비도Libido의 저장고이며 쾌락을 추구하고 불쾌함을 피하는 쾌감원리를 따른다. 도덕도 선악의 개념도 없으며 논리적 사고도 작동하지 않는 무의식의 세계다. 어린아이의 정신은 이드로 이루어졌으며 성장하면서 자아가 형성된다.

두 번째 요소인 '자아'는 본능에 의해 움직이는 이드를 현실에 맞게 적절히 조절하는 기능을 갖는다. 자아는 이드와 초자아를 중개하고 균형을 이루며 외부 세계와 관계를 맺는다. 갈등이 일어날 때 이를 중재하고, 괴로운 일이 기억날 때 이를 달래주며, 현실에서 벌어지는 일을 감시하는 역할을 한다.

세 번째 요소인 '초자아'는 도덕, 윤리, 양심 등의 원천이다. 태어날 때는 없었으나 자라면서 점점 발달한다. 부모가 '이건하면 안 된다, 저건 꼭 해야 한다'라고 가르친 말을 아이는 처음에는 따르기 싫지만 혼나지 않으려다 보니 나중에는 스스로 지켜야 할 행동규범으로 삼는다. 아이들은 또래나 학교 등 사회적 관계 속에서 학습한 도덕과 양심 역시 점차 내면화되면서 자신만의 초자아로 완성한다. 이것이 초자아가 내재화되는 과정이다.

아이는 부모가 드러내는 다양한 이상과 가치를 보고 배우기 때문에, 결국 부모의 말과 행동에서 나타나는 도덕적, 윤리적 기준이 아이의 초자아가 된다. 아이의 초자아 형성에 부모의 역할은 그만큼 지대하다.

초자아는 여러 기능을 한다. 우선 사람의 행동, 생각, 감정을 평가하고 조사한다. 우리가 초자아를 비판하고 비난하는 행동을 하면 그것을 받는 사람은 고통스러운 감정을 가지고, 반대로 칭찬과 인정을 하면 자존감이 올라간다.

또 다른 기능은 초자아는 삶의 방향을 정하고 목표를 세우는 데 주요한 역할을 한다. 어떤 삶을 살지, 장차 나는 무엇이 될지, 내가 정말 하고 싶은 일은 무엇인지를 결정할 때 초자아가 기능한다. 여기서도 부모가 중요하게 개입한다. 부모가 아이를 교육하면서 "너는 커서 반드시 이런 사람이 되어야 해", "너는 부모의 희망을 저버리지 않고 꼭 이런 사람이 되리라 믿어"라고 강요하고 압박하면 아이의 정신세계는 강력히 규제당한다. 어느새 아이는 스스로 "나는 이런 사람이 정말 되고 싶어",

"당연히 나는 이런 사람이 되고 말 기야"라며 부모의 꿈과 희망을 자신의 꿈과 희망으로 삼는 이유도 초자아 때문이다.

○○●

착한 사람이 될 것인가, 꿈을 먹고살 것인가

초자아는 다시 원 초자아Superego Proper 와 자아 이상Ego Ideal 으로 나뉜다. '원 초자아' 역시 어린 시절에 부모의 양육에 따라 만들어진다. 부모가 아이에게 언어적 또는 비언어적으로 지시, 금지, 처벌 등의 형태로 주입함으로써 형성된다.

'자아 이상'은 어릴 때 자녀의 눈에 위대해 보이고 이상적으로 여겨지던 부모의 상이 내면화되면서 형성되는 '성격 구조물'이다. 자아 이상은 옳은 행동을 하면 부모에게 긍정적 보상을 받는 경험이 쌓이면서 형성된다. 사람은 누구나 성장하면서 자신이 이상적으로 생각하는 위인, 선생님, 친구 등 타인의 모습을 닮아가려고 노력한다. 보통 원 초자아가 강하면 '착한 사람'이 되고, 자아 이상이 강하면 '꿈을 먹고사는 사람'이 된다고 한다.

원 초자아와 자아 이상은 서로 갈등을 일으키기도 한다. 원 초자아는 억압적인 아버지가 내면화된 모습이고, 자아 이상은 이상적인 아버지가 내면화된 모습이기 때문에 모순될 때가 많다. 이런 갈등은 아이의 내면에 불안이나 우울 같은 증상을 만들기도 한다.

부모 역시 이드나 초자아에 따라 행동한다. 그러다가 자녀가 생기면 좀 더 성숙해지면서 이드와 초자아 사이를 중개하는 자아의 기능이 강화되어 태도가 바뀐다. 지금까지 살아온 세월보다 남은 시간을 생각하며 자신의 삶을 되돌아본다.

부모는 가정에 대한 책임감을 강하게 갖기 때문에 자녀에게 도덕적이고 올바른 삶을 살라고 충고한다. 그러나 어느 정도 자란 자녀는 부모의 충고를 받아들이기 힘들다. 아이의 자아가 형성되면서 목격한 부모가 초자아보다는 이드에 충실하게 살았다면 말이다. 나는 '바담 풍' 해도 너는 '바람 풍' 하라는 부모의 말이 자녀에게 먹히지 않는 이유다.

프로이트는 자아를 중심으로 본능과 쾌락에 충실한 이드와 도덕과 윤리와 양심의 원천인 초자아가 상호작용하는 것이 정신세계의 기본 틀이라고 본다. 어느 한쪽이 제대로 작동하지 못하거나 과잉으로 기능하면 정신의 균형이 깨지면서 부작용으로 극심한 고통이 따른다는 이론이다.

현대 정신분석은 자아가 이드와 초자아를 잘 중재하고 조절해서 건강한 정신세계를 유지하는 것이 목표다. 부모가 자신의 자아가 제대로 성숙하지 못해 이드와 초자아 사이에서 갈팡질팡하는 모습을 보이면 아이는 적절한 자아를 형성하지 못하게 된다. 이미 실망하고 마음의 문을 닫아버린 자녀에게 부모는 벗어나고 극복해야 할 대상으로 전락했기 때문이다.

○○●

거리 두기의 3단계 과정, 개별화

부모의 삶이 위선적이라고 생각하는 자녀에게는 어떤 심리적 반응이 나타날까? 부모의 나쁜 면을 닮지 않으려 노력하는데도 자꾸만 부모를 닮아가는 이유는 무엇일까?

성장기 자녀와 부모 사이에 갈등과 대립이 생기는 상황을 생각해 보자. 자녀가 부모를 향한 시각이 매사 부정적이라면, 자녀가 부모와 자신을 분리하려고 무의식적으로 욕구를 표현한다고 볼 수 있다. 정신의학적으로 부모와 자녀가 분리되려는 현상을 '개별화'라고 한다.

1차 개별화는 유아기에 일어난다. 태아 시기부터 공생관계였던 유아와 엄마 사이에서 아이가 자신의 욕구를 표현하며 갈등이 생긴다. 그동안 엄마와 잘 지내던 아이가 갑자기 떼를 쓰면서 자기를 주장하는 시기다. 일명 '미운 세 살'의 시기다.

2차 개별화는 청소년기에 일어난다. 2차 개별화 과정에서 개별화의 대상은 가족 외에 중요한 사람들이다. 친구, 이성 친구, 멘토가 중요해진다. 청소년들은 유아기에 부모를 향했던 사랑과 관심, 분노 등의 감정을 친구, 이성 친구, 멘토에게 옮기면서 부모로부터 심리적 분리 과정을 거친다. 청소년기에 부모보다는 친구들의 관심과 인정이 중요해지는 이유다.

3차 개별화는 청년기에 일어난다. 이때는 부모에게서 분리되면서 생겨난 마음의 공백을 채우기 위해 자신의 가족을 만들고자 한다. 3차 개별화는 연인과의 친밀감, 결혼, 부모 되기 등으로 일어난다.

이런 개별화 과정에서 자녀들이 부모에 대한 불평이나 분노를 자신도 모르게 품기도 한다. 특히 개별화 과정에 실패한 경우는 부모에게 원망과 미움이 더욱 커지고, 또한 자신도 모르게 닮고 싶지 않은 부모를 오히려 닮아가는 동일시 과정을 거치기도 한다. 개별화 과정을 잘 거쳐야 하는 이유다.

모든 원초적 배움은 부모로부터 자녀에게 흘러간다. 부모의 말 한 마디, 행동 하나가 자녀에게 미치는 영향은 굉장하다. 부모가 몰상식하고 비양심적이며 반도덕에 기울어진 삶을 살았는데, 자녀가 자신과 정반대로 살아가길 기대한다면 지나친 욕심이다.

결혼하고 누구나 아이를 낳을 수 있지만 좋은 부모, 존경받는 부모는 아무나 될 수 없다. 내가 '바람 풍' 하는 것처럼 너도 나를 따라서 '바람 풍' 하라고 거리낌 없이 말할 수 있는 부모가 되기란 참으로 힘든 일이다.

꼭 너 닮은
딸 낳아
키워 봐라

양가감정

"콩 심은 데 콩 나고 팥 심은 데 팥 난다."

태영 씨는 요즘 들어 하루에도 몇 번씩 이 속담을 곱씹는다. 하나밖에 없는 딸이 자꾸만 자기를 피하기 때문이다. 겨우 대화할 자리를 마련하면 딸은 무표정한 얼굴로 쏘아붙인다.

"아빠는 말이 안 통해. 나에 대해 진짜 모른다고."

태영 씨는 답답했다. 도대체 자기가 뭘 모른다고 딸이 저러는지 알 수 없었다. 속 시원히 말이라도 하면 좋을 텐데 딸은 쏘아붙이기만 했다. 학교에 갔다 오면 방에만 처박혀 있고, 강의가 없는 날은 밖으로만 돌았다.

딸이 어렸을 때, 사람들은 이렇게 말하고는 했다.

"이야, 진짜 붕어빵이네. 어쩜 아빠를 이리 쏙 빼닮았을까?"

이런 말을 들을 때마다 태영 씨는 세상을 다 가진 듯 기분이 좋았다. 초등학생 때 딸아이는 태영 씨에게 종종 이렇게 말하기도 했다.

"나는 커서 아빠처럼 자상한 남자랑 결혼할 거야."

회사에서 아무리 힘들고 괴로운 일을 겪어도 딸을 생각하고 딸의 말을 떠올리면 온갖 시름이 말끔히 사라졌다. 없던 힘도 생겨날 정도였다.

그런데 딸이 중·고등학생이 되면서 점점 말수가 줄더니 대학생이 되고 나서는 아예 아빠와 대화를 나누지 않는 아이로 변했다. 무슨 결정적 계기가 있던 것도 아니다. 그러니 더 답답한 노릇이었다.

"여보, 당신이 재랑 이야기 좀 해 봐. 나한테는 통 말을 안 해. 같은 여자끼리는 좀 낫지 않겠어?"

"말도 마. 나나 당신이나 마찬가지야. 엄마한테도 말을 안 해. 내가 뭐라고 좀 하면 눈을 동그랗게 뜨고 쳐다본다니까? 대놓고 반항하는 거지. 어떨 때는 좀 무섭기도 해."

딸아이는 태영 씨에게만 그러는 것이 아니었다. 아내에게도 똑같았다. 태영 씨는 원인을 찾다가 결국 속담을 곱씹게 되었다. 콩 심은 데 콩이 나고, 팥 심은 데 팥이 나는 것이 자연의 이치라면 딸아이가 저러는 것도 결국 자기를 닮아서 그렇다는 이야기인데, 내 어디에 저런 면이 있을지를 생각하게 된 것이다. 어렸을 때는 딸이 자기를 닮았다고 하면 정말 기분이 좋았는데, 지금은 딸이 자기를 닮았다는 말이 별로 기분 좋지 않고, 인정할 수도 없었다.

태영 씨 부부와 딸은 어쩌다 이렇게 되었을까?

○○●

애정과 증오, 두 가지 마음

살다 보면 어느 순간, 나를 닮은 모습을 가진 아이를 보며 느꼈던 기쁨은 온데간데없고, 알 수 없는 자녀의 성격에 분노한다. 자녀도 마찬가지다. 엄마 아빠와 똑같은 외모를 가진 아이라서 자랑스러웠는데, 친부모가 맞나 싶게 어디 한 곳 제대로 통하는 데가 없어서 절망한다. 이쯤 되면 자식들은 이렇게 말한다.

"나는 아빠 같은 인생을 살고 싶지 않아요."

"최소한 엄마처럼 살지는 않을 거라고요."

어렸을 때, 그리고 성인이 되었을 때 자녀들이 부모에게 갖는 두 개의 마음은 일종의 '양가감정 Ambivalence'이다. 양가감정이란 특정 사물이나 사람에 대해 대립하거나 모순되는 감정이 공존하는 상태를 가리킨다. '양면가치'라고도 한다.

마음 안에 서로 반대되는 가치, 목표, 동기 등이 함께 존재하는 상태다. 애정과 증오, 독립과 의존, 존경과 경멸 등 두 개의 다른 감정이 섞였기 때문에 혼란스러울 수밖에 없다.

양가감정은 1910년 스위스의 정신의학자 오이겐 블로일러Eugen Bleuler가 처음 소개한 개념인데, 1913년 프로이트가 사용하면서 널리 알려졌다.

프로이트는 양가감정을 '오이디푸스 콤플렉스에 각인된 상반된 선천적 갈등'이라고 가정했다. 양가감정은 부모와 자녀 사이에서 최초로 발생한다.

두 개의 감정 중 한 가지에 대한 태도가 표면화되었을 때, 다른 태도는 억압된 상태로 존재하기에 불안감이나 죄책감을 일으킬 수 있다. 양가감정으로 사랑과 미움의 갈등이 심해 용납할 수 없는 미움이 생길 경우, 이를 억압하기 위해 의식적인 사랑이 지나치게 강조되거나 타인에 대한 감정적 태도를 신속하게 바꾸는 경향이 나타나기도 한다.

양가감정은 자녀들만 갖지 않는다. 부모도 자녀에게 양가감정을 느낀다. 먹성 좋은 아이를 보면 뭐든 잘 먹고 튼튼하게 자라서 대견스럽지만, 원하는 음식을 다 사 주려면 더 열심히 일해서 돈을 많이 벌어야겠다는 압박감이 생긴다. 공부 잘하는 아이를 보면 자랑스럽고 뿌듯하다가도 과외도 시켜야 하고 학원도 보내야 하며 나중에 유학까지 보내야 한다는 생각에 밤잠을 설치기도 한다.

자녀가 자신을 닮으면 흐뭇하지만 나보다 더 멋지고 훌륭한 인생을 살기를 바라는 마음에서 자신을 닮지 않기를 소망한다. 자녀가 부모를 도와 가업을 잇겠다면 절대 안 된다며 펄쩍 뛴다. 나처럼 살지 말고 다른 길, 더 좋은 길을 찾아가라는 뜻에서다.

'시원섭섭하다'는 말이 있다. '속 시원하다'는 말은 다 털어버려서 개운하고 기분 좋다는 뜻이고, '섭섭하다'는 말은 왠지 미련이 남고 아쉽다는 뜻이다. 이 두 개의 말이 한 단어가 되었다. 말썽만 피우던 자녀가 결혼할 때, 함께 데리고 살던 자녀가 분가해서 독립할 때 부모는 이런 양가감정을 느낀다.

장성한 자녀가 늦게까지 결혼할 생각은 안 하고, 부모 집에 얹혀살면 얼굴만 봐도 속상하지만, 한편으로는 자신이 만든 둥지를 떠나지 않고 자신에게 의지하는 자식이 안쓰럽다. 결혼을 앞둔 자녀가 결혼해서도 부모를 모시고 살겠다고 하면 쓸데없는 소리 한다며 한사코 손사래를 치지만, 속으로는 고맙고 기쁜 마음에 눈물이 날 지경이다.

양가감정은 '애증'으로도 설명된다. 부모와 자식은 애증관계이다. 모든 것을 다 주어도 아깝지 않은 사랑의 관계이면서 동

양가감정은 자녀들만 갖지 않는다.
부모도 자녀에게 양가감정을 느낀다.

시에 언제라도 상처를 주고받고 미움의 대상이 될 수 있는 관계이다.

촌수로도 부부는 무촌無寸이지만, 부모와 자식은 1촌一寸이다. 일정한 마디, 즉 거리를 둬야 한다는 말이다. 부부는 결혼하면서 운명 공동체가 되지만, 부모와 자식은 일정 기간만 같이 살다가 헤어져야 하는 한시적 공동체다. 그렇기에 서로 양가감정을 충분히 이해하면서 잘 공존해야만 아름다운 가족으로 남을 수 있다.

결혼한 딸이 시집가기 전과 달라도 너무 달라져서 당황스러운 경우가 있다. 전업주부인 순영 씨 이야기다. 순영 씨의 딸은 어릴 때부터 순영 씨에게 애정 표현을 많이 했다.

"나는 시집 안 가고 엄마 모시고 세계 여행 다니면서 살 거야. 정말이야, 거짓말 아냐."

이랬던 딸이 커서 언제 그랬냐는 듯 친정에만 오면 김치와 된장, 간장, 고추장은 물론 그릇에 가전제품까지 챙겨 간다. 한술 더 떠 용돈 좀 달라며 손을 내밀 때는 헛웃음밖에 나오지 않는다. 싫은 소리를 했다가는 어린 시절 섭섭했던 사연을 들춰 너무 한다면서 들이댈 것이 뻔하다. 딸은 못 이기기 때문에 그러려니 하고 넘어가야 한다.

하루는 참다못한 순영 씨가 딸에게 퉁명스럽게 한마디 했다.

"꼭 너 닮은 딸 하나 낳아 키워 봐라."

그랬더니 딸이 서영 씨를 빤히 쳐다보다가 현관문을 쾅 닫고 나가버렸다.

아들도 예외가 아니다. 어릴 적 귀엽고 순진한 모습으로 부모 마음을 잘 헤아리던 아들이 어른이 된 뒤로 밖으로만 돌고, 여자에 빠져 영혼마저 내줄 듯 정신없이 살아가는 광경을 보면 허무한 마음마저 든다. 잘 키운 아들을 딴 여자에게 빼앗긴 기분이다.

나와 똑같은 모습을 한 자식들이 부모 마음을 몰라주고 자기들 멋대로 살면서 부모를 외면하거나 무시할 때 부모는 양가감정을 느끼며 서글퍼진다.

혈육이지만 타인처럼

부모와 자녀 간에 서로의 입장을 충분히 이해하고 존중하면서 양가감정을 극복하려면 어떻게 해야 할까? 최선은 아니지만, 두 가지를 실천해 보면 좋을 듯하다.

먼저, 자녀는 부모가 나와 다른 감정을 품을 수 있다고 인정해야 한다. 부모는 자식을 위해 만사를 희생하고 참아야만 한다는 마음은 고정 관념이다. 부모에게도 감정이 있고 호불호가 있다. 자녀들이 부모의 마음을 헤아리려면 먼저 이것을 인정한다. 부모 역시 자녀들이 부모를 향해 두 마음을 가질 수 있다는 사실을 알아야 한다. 부모의 마음을 알아달라고 강요하기보다 자녀의 마음이 나와 다를 수 있다고 인정하면 상황이 변한다.

다음으로, 부모는 감정의 순서를 바꿔서 생각하면 좋다. "너는 다 좋은 데 그게 나빠"라고 말하기보다는 "너는 이것만 조금 바꾼다면 완벽한 아들이야"라고 말하면 어떨까? 딸이 엄마에게 뭔가 선물했다면, "색깔이 촌스럽긴 하지만 고맙게 받을게"라고 말하기보다는 "아유, 정말 고맙다. 색깔이 젊은 취향이라 젊어 보이겠네"라고 말해야 선물한 자녀가 즐거워할 것이다.

두 가지 감정이 교차할 경우, 좋지 않은 감정을 먼저 순화해서 말한다. 좋은 감정을 먼저 말하고 나서 좋지 않은 감정을 토로해 쐐기를 박기보다 순화된 좋지 않은 감정을 먼저 이야기하면 듣는 사람이 수용하기에 훨씬 더 마음이 편하다.

부모와 자식 사이를 혈육血肉이라고 한다. 피와 살을 나눈 사이라는 뜻이다. 유전에 의해 세상에서 둘도 없이 나를 닮은 존재로 태어난 내 자식이고, 그런 나를 세상에 태어나도록 한 내 존재의 원형이 바로 부모다. 이런 혈육 사이에도 오해가 생기고 감정이 상하고 성치를 주고 마음을 다치게 하는 일이 비일비재하다. 부족하고 모자란 부분을 먼저 보고 지적하지 말고, 잘나고 괜찮은 부분을 먼저 보고 인정하고 존중하면 어떨까? 존중을 앞세우면 부모 자식 관계가 약간 엉켜버렸대도 다시 예전처럼 붕어빵 관계로 돌아갈 수 있을 것이다.

2장

부부는
'하나'라는 착각

사랑이라는 이름으로 얽매인 남자와 여자의 심리

나는 내 일을 하고 너는 너의 일을 한다.
나는 너의 기대에 맞추려고 이 세상에서 사는 것이 아니며
너는 나의 기대를 이루려고 사는 것이 아니다.
우리가 진정으로 이를 이해하면 좋을 것이다.

- 프리츠 펄스Fritz Perls

하여튼
말이 안 통한다며
툭 던지는 말

언어폭력

부부싸움은 대개 사소한 말에서 발단한다. 배우자의 심리 상태나 현재 상황 등을 충분히 고려하지 않고 무심히 툭 던진 말한마디가 비수가 되어 심장을 찌른다. 같은 말이라도 언제, 어디서, 어떻게 했느냐에 따라 받아들이는 사람의 뉘앙스가 다르지 않는가. 남편 딴에는 아내의 기분을 좋게 하려고 신경 써서 한 말인데, 오히려 화근이 되기도 한다.

"와, 오늘따라 딴사람처럼 보이는데? 정말 예쁘다."

"오늘따라 예쁘다고? 그럼 평상시에는 지지리도 못나 보였다는 말이야?"

남편은 머쓱한 표정으로 정색하며 쏘아붙이는 달래보지만, 이미 아내의 기분은 상한 상태다.

반면에 먹성 좋은 남편을 격려하려고 아내가 말을 꺼냈는데, 대화가 엉뚱하게 흘러가는 경우도 있다.

"잘 먹으니까 보기 좋다, 우리 남편. 잘 먹으니까 앞으로 힘도 잘 쓰겠지?"

"그래, 나 돼지처럼 먹기만 하고 힘은 못 쓴다. 미안하다. 앞으로 작작 먹을게."

남편이 숟가락을 내려놓고 방으로 들어가자 아내는 당황해서 어쩔 줄 모른다.

말은 참 어렵다. 상대방이 내가 뱉은 말의 단어와 문장 자체보다 그 속에 담긴 뜻과 폭넓은 의미를 넉넉히 헤아려 주면 좋겠지만, 어느 누구도 그렇게까지 내 말을 이해해 주는 사람은 없다. 말은 말하는 사람의 의도와 관계없이 듣는 사람의 기분에 따라 내용이 달라질 수 있다. 그래서 단순한 말 한마디도 편하게 뱉기란 쉽지 않다.

언어는 존재의 집이다

서희 씨는 오랫동안 상담과 약물 치료를 병행했던 환자다.

남편의 말 때문에 우울증을 겪고 있었다. 서희 씨 남편은 아내에게 무심코 상처 주는 말을 내뱉는 정도가 아니었다. 늘 아내를 무시하고 함부로 대하는 말투가 입에 밴 사람이었다. 그는 말이 아니라 '언어폭력'을 했다.

"대충 아무거나 입어. 호박에 줄긋는다고 수박 되는 거 아니다."

"야, 네가 뭘 안다고 그래. 그냥 시키면 시키는 대로 해."

"꼴에 자존심은 있다, 이거냐? 벌어다 주는 돈 쓰는 재주밖에 없는 주제에……."

그는 아내를 인생의 동반자나 동등한 인격체로 대하지 않고, 매사 아랫사람이나 하인처럼 대했다. 서희 씨는 남편 앞에서 점점 무기력해져 갔다. 처음에는 거세게 항변도 하고 말다툼도 벌였지만, 달라지지 않았다.

서희 씨는 어렸을 때 부모님이 돌아가시는 바람에 화나면 도피처로 삼을 친정도 하소연할 대상도 없었다. 직장도 없고 모아둔 돈도 없어서 남편에게 의지하며 살았다. 서희 씨는 모든 걸 포기한 채 남편의 언어폭력을 견뎠다. 그러다 보니 마음에 응어리가 생기고 정신이 황폐해졌다. 병원을 찾았을 때 이미 우울증이 심한 상태였다. 폭탄처럼 쏟아지는 남편의 말에 서희 씨의 몸과 마음은 나락으로 떨어지고 만 것이다.

독일 철학자 마르틴 하이데거 Martin Heidegger 는 이렇게 말했다.

언어는 구획된 성역, 다시 말해 존재의 집이다.

언어는 존재가 드러나는 장소다. 모든 존재는 언어에 의해 존재한다. 말과 글로 표현할 수 없는 존재는 누구도 인식하거나 전달할 수 없다. 그런 의미에서 언어는 존재가 머무는 곳이며, 세계와 사물을 인식하는 통로다.

또 영국 철학자 루트비히 비트겐슈타인 Ludwig Wittgenstein 은 이렇게 말했다.

내 언어의 한계는 내 생각의 한계다.

말은 생각의 표현이다. 생각할 수 없다면 말할 수도 없다. 생각할 수 없는 것은 논리의 한계를 넘어서기에 세계의 한계를 넘어선다. 내 생각의 범위는 내 언어의 범위와 정비례한다.

내 말의 품격은 곧 내 생각의 품격이며, 나아가 내 인생의 품격이다. 부부 사이에 어떤 말이 오가는지는 부부생활의 품격을 결정하는 중요한 잣대다. 아무 말이나 생각나는 대로 뱉고, 상대방에게 상처 주는 말을 거침없이 구사하며, 수준 낮은 말을 함부로 입 밖에 내는 부부가 행복하고 가치 있는 삶을 만들

부부 사이에 어떤 말이 오가는지는
부부생활의 품격을 결정하는 중요한 잣대다.

기는 어렵다. 호칭과 말투에서 배우자를 배려하지 않고 존중하지 않는 사람은 자신의 삶도 배려하지 않고 존중하지 않는 사람과 마찬가지다.

부부간에 더 심한 불통의 벽

부부가 현명하고 지혜로운 언어생활을 하려면 어떻게 해야 할까? 먼저 절대로 해서는 안 되는 말을 삼간다. 불통으로 가는 대화는 시작조차 하지 않는다. 삼가야 하는 불통의 대화는 다음과 같다.

첫째, 상대방을 무시하거나 비하하는 말이다.

"왜 그렇게 쩝쩝거리면서 먹어? 밥맛 떨어진다니까."

"이 바보야, 그냥 직진하면 어떡해? 좌회전했어야지. 어이구, 답답해 죽겠네!"

이런 말을 듣고 감정이 상하지 않을 사람은 없다. 식사할 때 소리를 적게 내라든지, 운전할 때 표지판이나 신호등을 정확히 보라는 의도로 이야기하고 싶다면 고운 말로 한다. 내가 듣기 싫은 말은 배우자도 듣기 싫다.

"당신이 맛있게 먹으니 참 좋아. 소리를 조금만 적게 내면서 먹으면 더 좋겠어."

가족이라는 착각

"내가 먼저 말해주지 못해서 미안해. 표지판이나 신호등은 운전자가 미리 확인해야 해."

둘째, 배우자의 학력, 출신, 신체 조건 등을 거론하는 말이다.

"너는 그러니까 무식하단 소리를 듣는 거야. 못 배운 티 좀 내지 마."

"좀 빨리빨리 따라오지 못해? 그러니까 내가 살 좀 빼라고 수없이 얘기했잖아!"

그렇지 않아도 콤플렉스라고 생각하는 부분을 배우자가 감싸주기는커녕 화가 날 때마다 들추면서 상처를 후벼 파면 그 아픔은 더 크고 쓰리다. 이미 다 알고 결혼해 놓고 이런 문제를 틈만 나면 끄집어내는 행동은 배우자에 대한 도리가 아니다. 부부싸움에도 정도가 있다.

셋째, 문제를 점점 확대하면서 과거까지 들춰 전면전으로 치닫는 말이다.

영화를 보러 갈 거냐 그냥 집에서 드라마를 볼 거냐, 외식을 할 거냐 집으로 배달시켜 먹을 거냐, 아이 학원을 보낼 거냐 말 거냐 하는 문제로 의견 차이가 생긴다고 가정해 보자. 대화가 조금 격해지더라도 그 문제만을 놓고 합리적인 방향으로 결론을 내려야지 상대방을 지나치게 자극하거나 문제와 아무런 관련이 없는 지난 일을 들춰서 비난하는 자세는 옳지 않다.

"말이 났으니 말이지 당신 정말 멋대가리 없어. 지난번 추석 때 일만 해도 그래…….”

“어이없어 말이 안 나오네. 너야말로 전에 친구들 부부 동반 모임 때 그 태도가 뭐냐?”

이런 식의 대화는 서로 감정만 상하게 할 뿐 문제해결에 아무런 도움이 되지 않는다.

넷째, 배우자의 가족, 처가나 시댁 식구를 싸잡아 비난하는 말이다.

부부 사이에 말다툼을 벌이다가 자칫 상대방 가족을 건드리는 일이 있다. 마치 폭탄 심지에 불을 붙이는 순간과 같다. 싸우면서 ‘내가 너무 했나, 이건 내가 잘못한 것 같다’라고 생각하다가도 배우자가 느닷없이 자기 가족을 비난하고 나서면 욱하는 감정이 치밀어오르게 마련이다. 이때부터는 합리적 대화나 논리적 사고는 자취를 감추고 만다. 전쟁이 시작되면 오직 승리만이 목표가 된다. 신혼부부는 말할 것도 없고 수십 년을 같이 산 부부도 이 문제에 있어서만큼은 양보가 없다.

아내가 먼저 자기 친정이나 장인 장모 흉을 좀 본다고 해서 남편이 거들고 나선다면 어리석기 짝이 없는 일이다. 나는 욕해도 되지만, 배우자가 자기 부모를 욕하는 꼴은 도저히 참을 수 없는 것이 공통된 마음 아니겠는가.

반대로 남편이 시댁 식구나 시부모님 잘못을 털어놓는다고 해서 아내가 이때다 싶게 숟가락을 얹는다면 큰 실수이다. 아내나 남편이 배우자 앞에서 자기 부모나 가족의 잘못을 들추는 이유는 같이 비난하자고 꺼낸 말이 아니라 상황이 이러니 당신이 좀 이해해 달라는 완곡한 표현일 뿐이다.

다섯째, 배우자가 싫어하는 말이나 비속어, 욕설 등을 내뱉는 말이다.

나는 일상적으로 쓰는 단어라도 배우자가 유난히 듣기 싫어하는 말이 있을 수 있다. 누군가 유난히 어떤 말을 듣기 싫어한다면, 어렸을 때 그 말에 상처를 받았거나 트라우마 때문이다. 개인적 경험이므로 그 자체를 인정해야 한다. 무심결에 그 말이 불쑥 튀어나오지 않도록 조심해야 한다.

그런데 화가 났을 때 상대방을 자극하려고 일부러 상처난 자리에 소금을 뿌리는 사람이 있다. 아무리 부부싸움을 하더라도 상대방은 존중해야 할 타인이다. 배우자에게 천박한 비속어나 욕설을 퍼부으면 가정의 품위와 부부 사이의 품격은 휴지통에 처박히고 만다.

이런 식으로 저속한 표현을 총동원해서 싸우면 경계선이 허물어지고 부부싸움은 개싸움으로 전락한다. 부모의 말 폭탄을 자녀들이 듣게 된다면 무너진 부모의 위신을 세울 길은 어디에도 없다.

○○●

말로 시작해서 말로 끝나는 부부생활

그렇다면 들을수록 듣기 좋은 말은 무엇일까? 소통으로 가는 대화 방법을 소개한다.

첫째, 배려와 존중이 담긴 호칭을 쓴다. 남편이 아내를 부를 때, 아내가 남편을 부를 때 이런 호칭을 쓰는 부부가 있다.

"야, 이리 좀 와 봐."

"너, 이게 뭔지 알아?"

아무리 동갑내기이거나 친구 사이였다가 부부가 되었다 해도 부부가 된 이상 서로를 '야', '너'라고 부르면 좋지 않다. 호칭은 격식과 예의를 포함한다. 가벼운 호칭은 상대방을 가볍게 보도록 만든다. 같은 이치로 정중한 호칭은 상대방을 정중히 대하게 만든다.

"○○ 씨, 이거 어때?"

"○○ 씨, 나 좀 도와줄 수 있어?"

이름에 '씨' 자를 붙여주는 것도 좋은 방법이다. '○○ 아빠', '○○ 엄마'라고 부르는 것보다는 '○○ 씨'라고 이름을 불러주는 것이 상대방을 하나의 인격체로 바라보는 호칭이 아닐까 싶다. 어른들이 배우자를 '여보', '당신'이라고 불렀던 데는 다 그만한 이유가 있었다.

둘째, 서로 존댓말을 쓰면 배우자를 좀 더 인격적으로 대할 수 있다.

서로 존댓말을 쓰면 아무래도 말 때문에 감정이 상할 일이 줄어들게 된다. 처음에는 좀 어색할 수 있으나 존댓말을 자꾸 쓰다 보면 부부간의 대화에서 언어 표현의 격식이 왜 중요한지를 체감할 수 있다. 정중히 존댓말을 쓰다가 갑자기 핏대를 올리며 싸우기는 쉽지 않다. 아무 말이나 생각 없이 나오는 대로 내뱉다가 말싸움이 전쟁으로 비화하는 일은 부지기수다. 존댓말은 부부 언어생활의 휴전선이 될 수도 있다.

셋째, 이왕이면 고운 말, 예쁜 말, 교양 있는 말을 쓰려고 연습한다.

말은 그냥 잘하게 되는 것이 아니다. 연습과 훈련이 필요하다. 아나운서 지망생들은 발음과 억양 등을 정확히 하기 위해 거울을 보며 연습을 거듭한다. 올바른 말을 하기 위해 국어사전과 영어사전을 끼고 살며 외우다시피 한다. 좋은 언어를 쓰기 위해서는 그만큼의 노력이 필요하다는 이야기다. 유명한 문인조차도 글을 쓸 때 여러 참고 도서를 보고 사전을 뒤적인다고 한다.

부부 사이에도 품격 있는 언어생활을 하려면 문인이나 아나운서만큼은 아니더라도 노력은 필수다. 좋은 책을 읽거나 신문, 잡지 등에서 멋진 표현을 발견했을 때 적어두었다 써먹으면 좋다. 노력 없이 거저 되는 일은 없다.

부부생활의 절반 이상은 말로 시작되고 말로 끝난다. 말만 조심하고 잘해도 부부생활 절반은 성공인 셈이다.

말은 내 인격이며, 생각이며, 존재 자체라는 사실을 잊지 말자. 내 배우자는 나를 비추는 거울이자 타인이기도 하다. 내가 거칠고 독한 말을 퍼부으면 그 말은 그대로 반사되어 내게 돌아온다. 타인에게 욕설을 퍼부으면 돌아올 반응은 뻔하지 않은가. 내가 곱고 예쁘고 아름다운 말을 하면 그 말 역시 그대로 반사되어 내게 돌아온다.

가족이라는 착각

아내가
엄마처럼
나를 아껴주면 좋겠다

___

투사

결혼한 지 3개월째인 영민 씨는 저녁을 먹다가 정색을 하고 아내에게 말했다.

"자기야, 오해하지 말고 들어. 내가 정말 참다참다 하는 말인데…… 니는 음식 솜씨가 진짜 없는 거 같아. 그래, 경험이 없으니까 그렇다고 쳐. 근데 정성이 너무 없잖아. 대충 아무렇게나 하니 맛이 나겠니? 이럴 바엔 앞으로 시켜 먹든가 나가서 먹든가 하자."

아내 민희 씨는 입 안에 든 밥알이 튀어나올 뻔했다. 회사에서 지친 몸을 이끌고 퇴근하자마자 집에 들어와 나름대로 차린다고 차린 밥상이었는데, 남편이 이런 반응을 보이니 어이가 없었다. 민희 씨는 맥이 탁 풀렸고 화가 치밀어 올랐다.

___

"뭐라고? 그게 할 말이니? 맛도 없고 정성이 없다고? 대충 아무렇게나 한다고? 야, 진짜 말이 안 나오네. 먹지 마, 먹지 말라고! 넌 내가 얼마나 힘든 줄 모르지?"

민희 씨는 숟가락을 내동댕이치듯 내려놓고 벌떡 일어났다. 참을 수 없었다.

"아니, 내 말은…… 옛날에 엄마는 밑반찬도 많이 해 놓고 국이나 찌개도 간을 딱 맞춰서 참 맛깔나게 했는데, 왜 너는 도저히 그 맛이 안 나느냔 말이지. 엄마가 가르쳐 준다고 해도 네가 싫다고 했잖아? 네 식대로 한다며? 그런데 왜 나아지질 않느냐 이 말이야."

영민 씨의 말은 불난 집에 부채질한 꼴이 되었다. 민희 씨는 고함치듯 대꾸했다.

"야, 너 그럼 엄마랑 살지 왜 나랑 결혼했니? 엄마가 해 준 음식이 그렇게 맛있고 먹고 싶으면 엄마랑 살아. 그동안 내가 만든 맛없는 음식 먹느라 고생했네. 잘 가!"

민희 씨는 방문을 쾅 닫고 들어가 버렸다. 영민 씨는 그제야 사태의 심각성을 깨달았지만, 물은 엎질러진 뒤였다. 두 사람은 한동안 살벌한 분위기 속에 냉랭한 상태로 지내야 했다. 그나마 이혼 이야기까지 나오지 않아서 다행이었다. 부부에게는 가슴을 쓸어내릴 만한 위기 상황이었다.

이와 비슷한 사례를 가진 부부들이 의외로 많다. 남편이 음식 솜씨는 물론 말투, 씀씀이, 정리 정돈, 청소를 비롯해 생활 전반에 걸쳐 툭하면 아내를 자기 어머니와 비교하면서 핀잔을 주거나 타박한다. 남편은 어머니를 궁극의 이상향으로 설정해 놓고 아내를 거기에 맞추려 한다든가 아내에게서 자꾸만 어머니의 흔적이나 모습을 발견하려고 애쓴다. 결혼한 지 얼마 되지 않아 서로에 대해 잘 모르고 상대방에 대한 이해와 배려가 부족한 젊은 부부에게서만 발생하는 일은 아니다. 결혼생활을 수십 년 한 오래된 부부 사이에서도 심심찮게 벌어지는 일이다. 이런 취급을 받으며 기분 좋을 아내는 없다. 아내는 극심한 스트레스에 시달릴 수밖에 없고, 시어머니와의 사이도 더욱 불편해지기 마련이다.

"남편은 아내에게서 두 번째 어머니를 찾고, 아내는 남편에게서 첫아이의 모습을 발견한다"라는 말도 있다. 많은 사람이 이 말에 공감하지만, 여기서부터 부부 사이의 갈등이 시작되고 비극이 잉태된다.

남편에게 어머니와 아내는 경중을 가릴 수 없을 만큼 소중한 존재들이다. 어머니는 자신을 낳고 길러준 여인이다. 아내는 인생의 파트너이자 결혼생활이 유지되는 동안 자신을 지탱해주고 도와주는 여인이다. 비교와 가늠의 대상이 아니다. 그런데 매사 두 여인을 비교하고 평가할 때 문제가 심각해진다. 이런 관점에서 보면 고부간의 갈등은 시어머니와 아내의 문제라기보다는 두 사람 사이에서 방황하는 남편의 문제가 크다.

많은 부부가 결혼 후 새로운 가정을 꾸렸음에도 여전히 결혼 전 부모님 가정에서 살아온 익숙한 방식대로 생활하려고 한다. 배우자가 자신과 사뭇 다른 문화를 가진 가정에서 살아왔다는 사실을 인지하지 못하거나 같은 상황에서도 자신과는 전혀 다른 행동을 할 수 있다는 사실을 이해하지 못하는 경우가 많다. 서로를 충분히 파악하지 못한 상태에서 결혼생활을 시작했다면, 더욱 의견이 대립하고 충돌한다. 이런 상태에서 시어머니마저 개입하면 상황이 더 힘들어지기 마련이다.

왜 아내에게서 어머니를 찾으려 할까

남편은 왜 아내에게서 자신의 어머니를 찾으려 할까?

남편이 아내에게서 어머니의 모습을 발견하려고 애쓰는 이유는 자기 어머니의 상像을 아내에게 투사投射 하기 때문이다.

투사란 긍정적이든, 부정적이든 자신의 무의식적인 충동이나 특성을 다른 사람에게 전가함으로써 자신에게 그런 충동이

가족이라는 착각

나 특성이 있다는 사실을 부정하려는 심리이다. 자신을 괴롭게 하는 죄의식, 열등감, 자책감, 공격성 같은 감정을 다른 사람에게 돌림으로써 현실을 부정하는 방어기제로 삼는데 쓴다. 자신이 평소 누군가에게 공감과 위안을 얻으며 익숙하다고 느꼈던 감정을 전혀 다른 사람에게 찾음으로써 현실을 부정하는 방어기제로 삼기도 한다. 만약 남편이 결혼 전 어머니와의 관계에서 얻었던 편안하고 안정적인 감정을 아내에게 적용하려고 한다면, 현실을 부정하는 방어기제로 아내에게 어머니를 투사한 것이다. 어머니와 애착관계가 강할수록 아내에게 자신의 애착 대상인 어머니를 투사할 수 있다.

이런 관계는 몇 가지 문제를 낳게 된다.

첫째, 남편의 정서적인 독립이 더욱 어려워진다. 장성해서 새로운 가정을 꾸려 독립했으면 남자는 아내에게 남편으로서 역할을 다해야 하고, 자녀에게 아버지로서 역할을 다해야 한다. 자신이 서 있을 곳은 과거의 둥지가 아니라 지금의 가정이다. 그러나 남편이 과거 속의 '어머니-아들 관계'에만 머물러 있기에 현재 자신의 역할을 제대로 수행할 수가 없다.

둘째, 아내의 심리적인 고충이 점점 가중된다. 아내는 남편과 애정을 쌓거나 부부로서 협력하기가 어렵다. 그래서 남편을 보면 마치 큰아들 같다는 느낌을 받는다. 이런 문제로 남편과 갈등이 생기는 경우, 남편은 홀로 남게 되고 아내와 자녀는 다른 친밀한 관계를 맺게 된다. 가족이 이원화되다 보니, 결국 자녀는 아버지가 낯설어 피하는 상황에까지 이른다.

셋째, 자녀에게도 악영향이 미칠 수 있다. 남편과 자녀가 멀어짐과 반비례해서 아내와 자녀의 애착관계는 갈수록 깊어진다. 그럴 때 자녀가 정서적으로 독립할 수 있는 시기를 놓칠 수 있다. 자라면서 나이에 맞게 분리와 독립이 이루어져야 하는데, 엄마에게만 의지할 수 있고 심각하면 독립 자체가 안 될 수도 있다.

결국 아내에게 자신의 어머니를 투사하는 남편의 심리가 부부 사이를 멀어지게 함은 물론 자녀와 관계, 자녀의 미래까지 망치는 일을 초래하는 것이다.

결혼하고 나면 자기 정체성을 확립하고 부모에게서 육체적, 정신적으로 독립해야 한다. 마땅히 경제적, 정서적으로도 홀로 서기를 해야 한다. 부모로부터 분리되는 과정을 거쳐야만 당당한 어른으로서 자신의 삶을 개척해갈 수 있다.

의식적으로라도 '부모는 부모이고, 나는 나'라는 마음을 가져야 한다. 부모 역시 자식을 떠나보내는 연습을 해야 하고 자식 또한 부모에게서 떠나가는 훈련을 해야 한다.

그런데 영민 씨는 이런 과정이 없이 나이만 먹은 상태에서

'부모는 부모이고, 나는 나'라는
마음을 가져야 한다.

생각 없이 결혼했다. 엄연히 아내가 있고 자신의 가정이 생겼음에도 독립하지 못하고 부모에게 의존하려는 경향을 보였다. 옆에 있어 줄 사람은 아내인데 그녀에게서 어머니의 체취를 발견하려 애쓰고, 그것을 발견하지 못했을 때 상실감과 불안감을 느꼈다. 영민 씨의 이야기는 아내와 잘살기 위해서 어머니와 거리를 두어야 하는 확실한 사례였다.

아들은
남편을 대신할
남자가 아니다

경계

　높은 시청률을 기록하는 소위 막장 드라마에 빠지지 않고 등장하는 인물이 있다. 바로, 며느리를 괴롭히면서 아들 편만 드는 독한 시어머니다. 시어머니는 며느리에게는 악마 같은 존재로 그려지지만, 아들에게는 선하기 이를 데 없는 천사 같은 존재다. 시어머니가 아들에 대한 집착이 강하면 강할수록 며느리를 더욱 못살게 닦달한다. 왜 그럴까? 시어머니에게 아들은 자기 소유물이자 일심동체인 반면, 며느리는 아들과 자신 사이를 갈라놓는 훼방꾼이자 적이기 때문이다.

　이런 여성 중에는 평소 남편과 사이가 원만하지 못한 경우가 많다. 남편에게서 받지 못한 사랑을 아들에게서 받으려고 하고, 남편에게서 충족받지 못한 관심을 아들로부터 확인하려 든다. 무뚝뚝하고 자상하지 못한 남편 때문에 무시당하고 홀대받으며 사느라 숨겨온 자신의 여성성을 다정다감하고 살가운 아들에게서 보상받고자 하는 것이다. 남편이 폭력적이거나 경제적으로 무책임할 때 또는 다른 여자와 바람을 피워서 이 여성은 남편에게서 상처받고 피해당한 자신의 몸과 마음을 아들에게서 상쇄하고 보충하고자 한다. 그럴수록 이 여성은 점점 더 아들에 대한 애착이 강해질 수밖에 없다.

○○●

과도한 아들 사랑이 미치는 영향

아들을 향한 강한 애착은 장성한 아들을 둔 여성에게만 보이는 양상은 아니다. 어린 아들을 키우는 젊은 엄마에게도 나타난다.

30대 중반의 효정 씨가 수심 가득한 얼굴로 진료실에 들어섰다. 유치원에 다니는 아들이 효정 씨 마음을 너무 몰라주고 자기가 시키는 대로 하지 않아 견딜 수 없다고 했다.

"아들 하나만 바라보고 사는데…… 내가 남들 못지않게 키우려고 온갖 뒷바라지를 다 하고 있는데…… 왜 이렇게 엄마 마음을 모르고 자기 뜻대로 하려는지 모르겠어요."

"아들이 아직 어린데 뭘 그렇게 엄마 마음을 모른다는 겁니까?"

"절 닮아서 아이가 조숙해요. 어리지 않다고요. 유치원에 가 있을 때 빼고는 저랑 같이 놀고 밥 먹고 목욕하고 이야기하자고 하고선 어느새 보면 친구과 놀려고 놀이터에 가 있는 거예요. 심지어 여자아이와 놀 때도 있어요. 벌써 여자친구라니 기가 막혀요."

"남편 분과는 의논해 보셨나요?"

"그 사람은 없는 사람이나 마찬가지예요. 새벽에 나갔다가 자정이 지나야 인사불성으로 들어와요. 그렇다고 돈을 많이 버는 것도 아니고⋯⋯ 아들에게도 별로 관심이 없어요. 얼굴 볼 시간도 없죠. 아들만 아니면 벌써 이혼했을 거예요."

효정 씨는 남편과 애정이 점점 식어가면서 대화가 잘되지 않으니까 하나뿐인 아들에게 모든 사랑과 관심, 그리고 희망을 쏟아붓고 있었다. 아들은 자기 나이에 맞게 유치원 친구들과 어울리면서 사회성을 발달시켜 나가는 중인데, 오히려 엄마가 지나치게 아들을 구속하고 독점하려 하는 탓에 아들의 성장에 많은 지장을 주는 셈이었다.

부모가 자신과 자녀를 객관적으로 구분하지 않기 때문에 건강하지 못한 애착관계가 형성됨에도 부모는 자녀를 독립된 인

격체나 정서적으로 분리된 하나의 객체로 바라보기를 어려워
한다. 자녀가 성장하면서 자연스럽게 독립하기 위해서는 부모
와 자녀 사이에 적절한 경계가 필요하다.

자녀가 엄마의 품속에서 안전한 것, 편안한 것, 풍요로운 것
만 경험한다면 가족 외부에 있는 사회나 현실을 제대로 경험할
수 없다. 그렇게 되면 자녀는 엄마 품속에서 자기 정체성과 자
존감을 잃은 채 불안한 상태로 성장할 것이다. 경계를 인식하
기 위해서는 경계 밖의 것을 경험해 봐야 한다. 처음 경험하는
거리 두기는 때로 위험하거나 무섭거나 사랑의 결핍으로 느껴
질 수 있다. 엄마와 아이 사이에 경계가 생긴다면 다음에는 부
모의 역할이 중요하다.

가정의 중심은 누가 뭐래도, 부부

아이는 자라면서 엄마에게 이런 질문을 던진다.

"엄마, 나는 어디서 나왔어?"

아이는 왜 자신이 어떻게 태어났는지 궁금할까? 아이는 출산
의 과정보다 자신이 태어난 이유에 대해서 알고 싶어 한다. 임
상심리학자 이수련 박사는 《잃어버리지 못하는 아이들》이라

는 책에서 그 이유를 이렇게 설명한다. 아이가 태어난 이유를 알고 싶어 하는 이유는 자신과 부모의 관계에 대한 궁금증이라는 것이다. 따라서 엄마는 '아이의 탄생은 부모의 간절한 바람에서 시작된다'라는 사실을 알려줘야 한다고 말한다. 아이에게 엄마와 아빠와 아이의 관계, 즉 서로 간의 경계를 명확히 이해시켜 주는 것이다.

아빠는 아이에게 어떤 존재일까? 아빠는 아이가 엄마 다음으로 세상에서 만나는 두 번째 사람이다. 아이에게 아빠의 존재는 엄마의 소개로 정의된다. 엄마가 아빠에게 대하는 태도로 아이들은 아빠를 인식한다. 엄마가 무심결에 아빠에 대한 불만을 아이에게 이야기한다고 해 보자.

"네 아빠는 왜 이리 말을 안 듣는지 모르겠다."

"주말에 종일 텔레비전만 보고 있으니 정말 미워 죽겠어. 너네를 돌봐 주면 좋겠는데……."

엄마는 별 뜻 없이 하는 말이지만, 아이는 아빠에 대한 나쁜 판단을 듣는 것이다.

"아빠가 엄마 말을 좀 더 잘 들으면 좋겠어."

"아빠가 주말에 텔레비전만 보지 말고 우리랑 같이 놀면 얼마나 좋을까?"

아이들도 무의식 중에 엄마의 감정에 동일시된다. 엄마가 아빠와 아이의 관계에서 자꾸 아빠를 배제하거나 부정적으로 묘사하면, 아빠와 아이의 경계만 무너지는 것이 아니라 엄마와 아이의 경계도 왜곡된다.

효정 씨의 사례에서 보이는 문제의 원인은 아들 바라기인 시어머니나 젊은 엄마가 아니라 부부 사이에 있다. 부부관계가 원만하지 못하기에 남편에게서 받아야 할 사랑과 관심, 그리고 그로 인해 배우자를 통해 느껴야 할 만족과 행복을 아들에게서 찾는 것이다. 그러나 아들은 내가 낳았을망정 내 소유물이나 남편의 대체재가 아니다.

미국의 저널리스트 데이비드 브룩스David Brooks는 《두 번째 산》이라는 책에서 안정된 애착관계가 왜 중요한지에 대해 이런 말을 남겼다.

생후 18개월 무렵에 자기를 돌보는 사람과 안정된 애착관계를 형성한 사람은 안정적인 인간관계를 만들고 유지하는 방법에 대한 모델을 머릿속에 가지고 있다. 이런 사람들은 사랑하는 사람 앞에 서면 심박수가 줄어들고 호흡이 느려진다. 이런 상태를 정상으로 느끼기 때문에 긴장하지 않고 오히려 편안해지는 것이다. 유아기 때 불안한 애착관계들 경험한 사람은 누군가를 사랑할 때 제대로 긴장을 풀지 못한다. 이 사람의 머릿속에 들어 있는 모델은 사랑하는 사람이 곧 떠날 것이라고 속삭이기 때문이다. 그래서 심박수가 늘어나고 호흡이 빨라진다. 어릴 때 회피성 애착 패턴을 경험한 사람은(자기를 돌보는 사람에게 어떤 신호를 보냈지만 아무런 응답을 받지 못한 사람) 아예 관계 자체를 차단한다.

가정의 중심은 부부다. 부부 사이에 생긴 문제를 부부가 풀지 않고 외면한 채 자식에게서 보상받으려 할 때, 부부 문제는 자녀들에게까지 대물림된다. 이럴 때 안정된 애착관계를 형성하지 못한 자녀는 성인이 되어서도 제대로 사랑할 줄 모르는 어른이 될 확률이 높아진다.

시가가
먼저냐
처가가 먼저냐

손실 회피 심리

후배의 지인에게서 들은 이야기다. 중매로 만난 남녀가 교제한 지 얼마 되지 않아 결혼했다. 양가 부모끼리 잘 아는 사이라 믿음이 컸기에 별 어려움 없이 혼사가 이루어졌다고 한다. 주변 사람 대부분이 부모 교육을 잘 받은 이들 부부가 행복한 가정을 이루리라 생각했다.

결혼 후, 첫 번째로 맞은 명절이었다. 남편은 자기 부모님께 먼저 갔다가 나중에 처가를 가려고 했다. 그런데 아내는 달랐다. 친정에 먼저 갔다가 나중에 시가를 가자고 했다. 남편은 기분이 썩 좋지 않았지만, 첫 명절이니 아내 말대로 처가에 먼저 들러 장인 장모에게 인사를 하고 처가 가족들과 시간을 보냈다. 그런 다음 다시 짐을 꾸려 부모에게 갈 채비를 했다. 이때 아내가 너무 피곤하다면서 침대에 드러누웠다. 남편이 당황해서 말했다.

"처가에 갔다 왔으니 이제 시가에 가야지. 얼마나 기다리시겠어. 갔다 와서 쉬자고."

"아, 몰라. 피곤해 죽겠어. 꼭 처가 가면 시가도 가야 해? 건너뛰면 안 돼? 다음에 가자."

"무슨 말 같지도 않은 소리야. 결혼 후 첫 명절인데 지금 시가를 안 가겠단 얘기야?"

"안 가는 게 아니라 피곤해서 못 가겠다잖아? 가려면 당신 혼자 갔다 와!"

남편은 어이가 없었다. 가정교육은 차치하고 기본적인 예절이 전혀 갖춰지지 않은 여자라는 생각이 들었다. 두 사람은 심각한 싸움을 벌였으나 아내는 끝내 시가에 가지 않았다.

이 일로 남편의 집안이 발칵 뒤집혔다. 명절을 맞아 온 가족이 모였는데, 신혼부부가 오지 않았기 때문이다. 신부를 보러 온 집안 어른들이 별일 다 보겠다며 한마디씩 거들었다. 남편 부모는 얼굴을 들 수 없었다. 며느리는 전화를 꺼 놓았고, 아들은 전화를 받지 않았다. 남편은 혼자 부모님께 갈 수도 없고, 전화로 자초지종을 설명할 수도 없어 죽을 맛이었다.

그 일이 있은 뒤, 부부는 냉랭한 관계를 이어갔다. 그러다 마침내 폭탄이 터지고 말았다. 나중에 이 일을 알게 된 남편의 부모가 며느리 부모를 찾아가 어떻게 이런 일이 있을 수 있냐며 따진 것이다. 딸아이를 감싸며 변명하던 아내의 부모와 며느리를 잘못 가르쳤다며 사돈을 다그치던 남편의 부모는 멱살잡이를 하며 대판 싸움을 벌였다. 사돈 사이에 벌어져서는 안 될, 넘지 못할 선을 넘고 말았다. 결국, 이 부부는 별거하다가 이혼에 합의했다.

부부 사이에도 합의가 필요하다

극단적인 사례이지만, 부부 사이에 시가와 처가의 문제가 생기면 도저히 양보를 못하기도 한다. 어지간히 금실 좋은 부부라도 자기 부모와 배우자 부모 문제로 얼굴 붉히지 않은 부부는 없을 것이다.

부모와 자식은 혈연으로 맺어진 특별한 관계다. 결혼 전에 서먹서먹하고 불편한 일이 있어도 결혼 후에는 달라진다. 직접 아이를 낳아 기르며 부모의 사랑을 다시 생각하게 된 자식들은 연로한 부모를 보며 한없이 애틋한 마음을 갖는다. 부모 또한 자신의 품을 벗어나 가정을 이룬 장성한 자식을 보며 품 안에 있을 때 좀 더 잘해주지 못해서 한없이 미안한 마음을 갖는다. 이러한 마음을 배우자가 잘 헤아려 상대방 부모에게 잘 하면 더없이 좋겠지만, 부당하고 불공평하고 인색하기 짝이 없게 대한다면 섭섭하기 이를 데 없고 심할 경우 배신감과 모멸감까지 느끼게 된다.

어떻게든 마음이 상할 수 있는 문제는 부부가 서로 정확하게 규칙을 명문화해서 정하는 편이 현명하다. 예를 들면 이렇다.

첫째, 양가 부모님께는 설날, 추석, 생신, 제사 등 연 6회는 필수적으로 함께 방문한다.

둘째, 방문 순서는 아내, 남편 순으로 매번 번갈아서 한다.

셋째, 이 밖에 방문할 일이 생기면 상대방 동의를 얻어 연 5회까지 함께 방문한다.

넷째, 양가 부모님이 사고나 병환으로 입원하게 되었을 경우는 위 경우에서 예외로 한다.

다섯째, 양가 부모님께 매달 용돈 20만 원씩을 각각 10만 원씩 송금한다.

여섯째, 위 송금 시 남편 부모님께는 아내 이름, 아내 부모님께는 남편 이름으로 한다.

일곱째, 긴급한 일로 양가 부모님께 경제적 지원을 해야 할 때는 상대방 동의를 얻는다.

합의는 매우 구체적일수록 좋다. '알아서 하겠지, 내가 이 정도 하면 자기도 이만큼 하겠지'라고 생각하면 오산이다. 아무리 부부 사이라도 상대방은 내 생각과 다르다. 엄연히 타인이고, 당연히 내 마음 같지 않다. 기대가 크면 실망도 큰 법이다.

2002년 노벨 경제학상을 수상한 심리학자이자 경제학자인 프린스턴 대학의 대니얼 카너먼Daniel Kahneman 은 '행동경제학의 창시자'로 불린다. 그가 연구한 주제 중 하나가 '손실 회피 심리'이다. 손실 회피 심리는 이득을 봄으로써 얻는 기쁨보다 손해를 봄으로써 갖는 두려움이 더 크다는 사실이다.

A: 어느 상점에서 5만 원짜리 물건을 1만 원 할인된 가격으로 싸게 샀다.
B: 어느 상점에서 5만 원짜리 물건을 샀는데, 다른 곳에서는 4만 원에 팔고 있었다.

이럴 경우, 사람들은 어느 쪽에 더 마음이 동요되고 신경이 쓰일까? A처럼 물건을 1만 원 정도 싸게 산 경우, 누구나 '이득이다!'라고 생각하고 기뻐할 터이다. 하지만 기쁨은 그다지 오래가지 않는다. 얼마 뒤면 생각나지 않고 사라진다.

그러나 B의 경우, 5만 원짜리 물건을 사서 기분 좋게 걸어가는데, 다른 상점에서 똑같은 물건을 버젓이 4만 원에 파는 모습을 봤다면 큰 심리적 충격을 받는다. 자신에게 물건을 5만 원에 판 상점 주인에게 화가 나기도 하고, 왜 싸게 파는 집을 두고 비싸게 파는 집에 들어가서 물건을 샀는지 후회하기도 한다. 억울하고 분하다는 불쾌한 감정이 솟구친다. 이런 기분은 금방 사라지지 않는다. 두고두고 떠오르며 상한 감정을 떨치지 못한다.

대니얼 카너먼의 연구에 따르면 손해는 이득보다 2.25배의 심리적 충격을 준다고 한다. 내 월급이 1만 원 깎여서 받는 심리적 영향은 내 월급이 2만 2,500원 올라서 받는 심리적 영향과 같다는 뜻이다. 이처럼 인간에게는 손해를 보고 싶지 않은 심리가 강하게 작용한다.

손해를 보고 싶지 않은 심리는 부부 사이에도 거의 그대로 적용된다. 인간은 누구나 이기적이다. 사랑하는 사이라도 마찬가지다. 내가 사랑받을 존재로서 마땅히 해야 할 의무와 책임과 헌신에 소홀할 때 사랑은 싸늘하게 식어간다.

내가 사랑받을 때는 사랑받을 만한 일을 할 때뿐이다. 내가 싫고 힘들고 매사 손해를 봄에도 계속해서 배우자에게 맞추고 헌신을 다할 사람은 그리 많지 않다. 거기에 부모 문제가 끼어들면 더욱 그렇다.

남편이 처가에 잘하고 장인 장모에게 아들처럼 살갑게 굴 때 아내는 기분이 좋다.

이럴 때 남편은 아내에게 이렇게 기대한다.

'저 사람이 이런 모습을 보면 감동받아서 앞으로 우리 부모님에게 더 잘하겠지?'

그렇지 않다. 아내는 이렇게 생각한다.

'고맙지만, 나는 시부모에게 저렇게 못 해. 기대하지 마. 네가 좋아서 그러는 거잖아?'

아내가 시부모에게 예정에도 없는 용돈을 두둑이 드렸다고 하면 남편은 흡족하다.

이럴 때 아내는 남편에게 이렇게 기대한다.

'다음 달 보너스 나오지? 알아서 해라. 오늘 내가 시범 보인 대로만 해.'

천만의 말씀이다. 남편은 이렇게 생각한다.

'그런다고 해서 장인 장모에게 용돈 더 드릴 거라 바라지 마. 나 요즘 돈 때문에 힘들다.'

남편은 자기가 처가나 장인 장모에게 한 만큼 또는 그 이상 아내가 시가와 시부모에게 잘하기를 바란다. 그런데 언제나 기대는 허무하게 무너지고 실망만 남는다. 참다가 한마디를 하면 아내 역시 기다렸다는 듯 그동안 쌓아 뒀던 시가와 시부모에 대한 불만을 토해 낸다.

아내 또한 자기가 시가나 시부모에게 한 만큼 또는 그 이상 남편이 처가와 장인 장모에게 살하기를 기대한다. 그러나 항상 바람은 쓸쓸히 사라지고 상심만 남는다. 벼르고 벼르다 한마디를 하면 남편 역시 지지 않고 그동안 묵혀 뒀던 처가와 장인 장모에 대한 불평을 털어놓는다. '내가 한 만큼 너도 하라', '나만 손해 보고 산다'는 등의 말이다. 적어도 부모 문제만큼은 손해 보며 살고 싶지 않다는 뜻이다.

○○●

사랑은 공평하지 않다

부부가 양가 부모에게 구체적으로 몇 번을 방문하고, 용돈을 얼마나 드리며, 전화는 언제 해야 좋은지 하는 문제를 정하거나 해결할 때 몇 가지 노선이 있다.

첫째는 '이기주의'다. 각자 좋은 대로 하는 방법이다. 상대방에 대한 배려와 존중 없이 '나만 좋으면 된다'라는 마음으로 한다. 배우자가 내 부모에게 이렇게 했으니 나도 배우자 부모에게 이렇게 해야지 하는 형평성을 고려하지 않는다. 각자 내 부모에게 하고 싶은 대로 하고, 배우자 부모에게 하고 싶은 대로 한다. 상대방이 받아들이거나 참아주지 않으면 매번 분란이 일어날 수 있다.

둘째는 '상호주의'다. 서로 균형을 맞추는 방법이다. 각자 내 부모에게 한 만큼 배우자 부모에게 하면 된다. 더하지도 않고 덜 하지도 않는다. 친정에 가서 하룻밤 잤으면 시가에 가서 하룻밤을 잔다. 본가에 가서 제사를 지냈으면 처가에 가서도 제사를 지낸다. 모든 절차를 '주고받기식'으로 하면 불만이 없다. 그러나 인간관계를 자로 잰 듯 나누는 일은 쉽지 않다.

셋째는 '보복전략'이다. 나는 양심과 상식에 따라 내 부모와 배우자 부모 모두에게 최선을 다했는데, 배우자는 그렇지 않을 때 배우자와 배우자 부모에게 상응한 대가를 치르게 하는 방법이다. '눈에는 눈 이에는 이'로 맞대응하는 셈이다. 유치하고 졸렬해 보이지만, 사람은 감정을 가진 존재라 어쩔 수 없다. 하지만 둘 다 이렇게 했을 때 가정은 전쟁터가 될 수 있다.

넷째는 '이타주의'다. 배우자가 내 부모에게 어떻게 하든 상관치 않고 나는 변함없이 내 부모에게 하는 것처럼 배우자 부모를 성심성의껏 공경하고 섬기는 것이다. 오로지 '사랑의 힘으로 모든 것을 뛰어넘는 경우'라 할 수 있다. 딸 같은 며느리와 아들 같은 사위가 현실화한 경우다. 이런 배우자를 만난다면 분명 하늘의 축복이다. 그만큼 흔치 않은 일이다.

내 부모가 소중하듯 내 배우자에게도 부모가 소중하다. 내 배우자가 내 부모에게 소홀하면 섭섭하듯, 내가 배우자 부모에

가족이라는 착각

게 소홀하면 내 배우자도 섭섭하다. 내 배우사가 내 부모를 잘 공경하면 흐뭇하듯, 내가 배우자 부모를 잘 공경하면 내 배우자도 흐뭇하다. 내가 좋으면 배우자도 좋고, 내가 싫으면 배우자도 싫다.

중국의 대표적 심리 상담 플랫폼인 레몬 심리가 지은 책 《기분이 태도가 되지 않게》에 이런 말이 나온다.

누구나 기분을 드러낸다. 내 기분은 내 선에서 끝내야 하는데 나도 모르게 겉으로 드러난다. 하지만 기분과 태도는 별개다. 내 안에서 저절로 생기는 기분이 스스로 어찌할 수 없는 것이라면, 태도는 다르다. 좋은 태도를 보여주고 싶다면, 소중한 사람에게 상처 주고 싶지 않다는 마음만 있다면, 우리는 충분히 태도를 선택할 수 있다.

인생은 기분대로 살 수 없다. 기분 내키는 대로 살다 보면 손해 보는 사람은 결국, 나 자신이다. 남편이나 아내가 자기 부모에게는 잘하면서 내 부모에게는 한없이 인색하더라도 이를 따지며 싸우거나 서운한 기분을 다 드러내면 부부관계는 싸늘해질 수밖에 없다. 기분이 태도가 되지 않으려면 요령과 지혜가 필요하다. 배우자에게 좋은 태도를 기대하는 만큼 내가 먼저 좋은 태도를 보여야 한다.

소중한 사람에게 상처 주고 싶지 않은 마음만 있다면, 우리는 충분히 태도를 바꿀 수 있다. 기분 내키는 대로 행동하지 않고 소중한 사람을 먼저 생각하고 행동하려는 태도를 갖추게 된다. 배우자 중 더 많이 사랑하는 쪽이 더 많이 아프고 더 많이 양보하게 마련이다.

그럼에도 태도가 바뀌지 않는다면, 배우자도 타인이라는 생각이 답이 될 수 있다. 남에게 피해주지 않으려는 마음이 때로는 가까운 사람과의 관계에서 필요한 이유다. 소중한 나의 타인을 지키고 싶다면 말이다.

가족이라는 착각

한 번 깨진 거울은
결코 다시
붙일 수 없다

외도 심리

2020년에 방영되었던 텔레비전 드라마 〈부부의 세계〉는 최고 시청률을 경신한 작품답게 화제를 불러일으켰다.

다양한 개성을 가진 부부의 위태로운 일면을 손에 땀을 쥐고 보게 만든 박진감 넘치는 전개가 일품이었다. 드라마를 본 사람들 입에 가장 많이 오르내린 대사는 이 부분이 아니었을까 생각한다.

"실수한 건 인정해. 하지만 가족까지 버릴 생각은 없었어."

"사랑에 빠진 게 죄는 아니잖아!"

불륜을 저지른 남편의 행동이 아내에게 발각되고, 자신의 후

원자인 애인의 아버지에게까지 탄로 나자 궁지에 몰릴 대로 몰린 남편이 어쭙잖은 변명이랍시고 아내에게 한 말이다. 과도한 동작에 심지어 화까지 낸 남편의 말을 아내는 어떻게 받아들일 수 있을까?

그는 오랫동안 유지해 온 불륜관계를 '실수'라고 표현했다. 하지만 그의 말처럼 우연히 이루어진 단 한 번의 외도가 아니었다. 그는 계획적으로 불륜을 저질렀고, 그 일이 어떤 결과를 가져올지 잘 알면서도 계속해서 쾌락을 즐겼다. 그러나 가족을 버릴 생각이 없었다는 그의 말은 '사실'일 가능성이 크다. 자신이 가진 무엇도 포기하지 않고 싶었기 때문에, 그는 불륜을 숨겼다.

불륜을 저지르는 사람들은 배우자와 원만한 관계를 유지하고, 아이들에게는 다정하고 믿음직한 부모의 자리를 지키고 싶으면서도, 일상의 지루함을 한 방에 날릴 신선하고 자극적인 새로운 사랑을 갈구한다. 양손에 든 떡을 하나도 놓고 싶지 않은 이기적인 마음이다. 자신이 이룬 성취와 안락한 환경을 누리면서도 은밀한 쾌락까지 즐기고 싶은 태도는 지극히 자기중심적이다.

그는 사랑이었다고 말한다. 사랑은 죄가 아니라고, 자신은 사랑에 빠졌을 뿐이지 죄를 저지르지 않았다고. 그런데 그것이 정말 사랑일까?

늑 중 남편은 온갖 추대를 부린 끝에 결국 아내에게 이혼당하고 나서 보란 듯이 애인과 결혼한다. 그 후 남편은 애인과 이런 대화를 나눈다.

"너랑 나, 바람 아니었잖아?"
"맞아. 절대로 단 한 번도 떳떳하지 않은 적 없었어."

그와 그녀는 필사적으로 자신들의 관계가 바람이나 불륜이 아니라 지고지순한 사랑이었으며, 따라서 누구에게도 부끄러움 없이 떳떳하다고 항변한다. 그럴수록 두 사람의 잘못된 관계는 더 도드라져 보인다. 두 사람은 스스로 시작부터 어그러진 관계임을 알고 있다. 자신들로 인해 수많은 사람이 상처받고 눈물을 흘리고, 배신으로 피어나는 사랑은 온전한 사랑이 아님을 안다. 인정하지 않으려고 몸부림칠수록 이들의 양심은 이를 더 선명하게 일깨웠다.

사랑과 불륜의 한 끗 차이

사랑에는 '책임'과 '의무'가 수반된다. 아무런 의무도 없고 책임도 따르지 않는 사랑은 사랑이 아니다. 그런 사랑은 어디서 왔고 어디로 가는지 모르지만, 순간적으로 불어와 홀연히 사라지는 바람일 뿐이다.

결혼은 사랑을 전제로 이루어지는 법적 관계다. 당연히 최고 수준의 책임과 의무가 따른다. 이를 먼저 깬 쪽은 스스로 의무를 저버렸으므로 파경의 책임을 져야 한다. 배우자를 가장 아프게 하고 비참하게 만들며 회복 불가능한 상처를 입히는 외도, 즉 다른 상대와 벌인 불륜이라면 말이다.

사업에 실패하거나 직장에서 쫓겨났을 경우, 가정 경제에 큰 어려움이 생긴다. 이로 인해 부부 사이에 갈등이 생기고 위기를 맞기도 한다. 그러나 서로 배려하고 위로하면서 허리띠를 졸라맨 뒤 다시 고난을 극복하는 사례도 많다. 불가항력으로 벌어진 일이라면 부부가 힘을 합쳐 얼마든지 이겨낼 수 있다.

부모나 자녀와 관련된 문제로 불화가 있을 때도 시간을 두고 대화하다 보면 의견 차이를 충분히 좁힐 수 있다. 설령 사회적으로 비난받을 만한 일을 저질렀대도 실수였고 제대로 반성만 한다면 배우자로서 용서하고 보듬을 수 있다. 부부는 혈연이 아닌 '사랑'으로 맺어진 '특별한 가족'인 까닭이다.

사랑으로 맺어졌기에 다른 것은 몰라도 사랑과 관련된 잘못은 용서가 불가능하다. 사랑이라는 부부관계의 대전제가 송두리째 무너진 자리에 용서는 없다. 배우자가 불륜을 저질렀을 때 배려하고 위로하며 이해하기는 매우 어렵다.

부부 문제로 정신건강의학과를 찾아오는 사람들 가운데 배우자의 외도를 알게 되고 충격과 분노에 휩싸여 불면증과 우울증 등으로 괴로워하는 사람들이 많다. 홧김에 배우자와 대판 싸움을 벌인 다음 변호사를 찾아가는 사람도 있지만, 경제나 자녀 문제 등 심각하게 고려해야 할 사항이 많은 관계로 벙어리 냉가슴 앓는 사람도 있다.

외도에 빠진 배우자와 이혼하지 않고 참고 산다고 해도 여러 가지 이유로 어쩔 수 없이 관계를 유지할 뿐이지 부부관계가 이전 상태로 되돌아가지는 않는다. 서류상 부부로만 지낼 뿐 정서적으로 이혼 상태이다. 의사로서 환자의 정신건강을 위해 조언하면서 치료에 임하지만, 이미 깨진 부부관계를 원상태로 회복시키기는 매우 어려운 일이다.

정당화될 수 없는 불륜의 함정

불륜의 범위를 어디까지로 정의할 수 있을까?

한 여론조사기관에서 불륜의 최저 기준에 관해 물었다. 남녀 간에 응답 차이가 꽤 컸다. 남자들은 '지속적인 성관계(40.1%)'

를 불륜이라고 생각했으나 여자들은 '성관계가 없는 애정 관계 혹은 데이트(58%)'도 불륜이라고 생각했다. 남자들은 '일회성 성관계 혹은 성매매(15.3%)', '짝사랑(7.7%)'을 상위 순위로 매겼지만, 여자들은 거꾸로 '짝사랑(11.1%)', '일회성 성관계 혹은 성매매(9.4%)'를 상위 순위로 매겼다. 이에 따르면 배우자의 불륜 기준으로 남자들은 육체적 관계를, 여자들은 정신적 관계를 더 중요하게 생각하고 있었다.

불륜의 기준에 대해 설왕설래하지만, 최근 대법원의 판례에 따르면, '법률상 부정한 행위란, 성관계를 포함하지만 그보다 더 넓은 개념으로, 부부의 정조의무에 반하여 혼인관계에 해를 끼치는 일체의 행위가 법률상 부정한 행위에 포함된다'라고 말했다.

불륜은 상대 배우자를 완전히 무너뜨릴 수 있는 엄청난 타격을 준다. 서로를 믿고 의지하며 쌓인 오랜 안정감, 가정이라는 울타리 안에서만 맛볼 수 있었던 행복, 남편과 아내로서 그리고 아빠와 엄마로서 가졌던 자의식과 정체성, 이 모두를 앗아갈 수 있다. 이처럼 불륜은 치명적인 결과를 가져오지만, 그에 비해 주변에서 너무 쉽게 벌어지는 흔한 일이 되었다. 왜 사람들은 독이 든 열매인 줄 뻔히 알면서도 이 금단의 열매를 따 먹을까? 마냥 행복해 보이는 부부도, 존경과 부러움을 한 몸에 받고 사는 부부도 어느 순간 배우자의 불륜으로 가정이 깨지기도 한나. 도대체 이들은 왜 불륜의 유혹을 떨치지 못할까?

인간의 뇌에는 보상회로Reward Pathway라는 시스템이 있다. 음식을 먹거나 물을 마시거나 성적 행위를 하면 즐거움을 느끼도록 자연 보상이 이루어진다. 생존에 필요한 이런 즐거운 감정은 보상 효과와 연결되어 행동을 반복하도록 동기를 부여한다. 보상회로의 주요 부위는 쾌락의 중추로 불리는 복측피개영역Ventral Tegmental Area과 중격측좌핵Nucleus Accumbens, 그리고 전전두엽 피질Prefrontal Cortex이다. 복측피개영역의 뉴런에 있는 신경전달물질인 도파민이 중격측좌핵과 전전두엽 피질로 분비된다. 이 회로는 자연 보상뿐만 아니라 약물 같은 인위적인 보상 자극에 의해서도 활성화되어 도파민을 분비함으로써 기쁨과 쾌감을 맛보게 한다. 보상을 느끼도록 분비되는 물질이 도파민이다.

불륜은 낯선 이성 또는 배우자와 다른 매력을 가진 이성과 배우자 몰래 은밀히 이루어지는 행위이므로, 기쁨과 쾌감이 배가된다. 자연히 쾌락의 늪에 빠질 수밖에 없다. 한 번 빠지면 스스로 헤어나오기 어렵다. 이를 반복하다 보면 도파민이 과다 분비되어 뇌에 물리적 변화가 일어난다. 전전두엽 피질에 변화가 생기면서 의지력이 점점 상실되고, 불륜 대상에게 지나치게 몰입하며, 탐닉하는 경향이 강해진다. 심하면 불륜 상대

사랑에는 '책임'과 '의무'가 수반된다.
아무런 의무도 없고 책임도 따르지 않는
사랑은 사랑이 아니다.

외에는 흥미가 일어나지 않고, 몰입되지 않으며, 동기나 의욕이 솟아나질 않는다. 위험한 줄 알면서 이제 정말 그만둬야지 다짐하면서도 불륜 상대를 만나지 않으면 불안하고 초조해진다. 삶이 무기력해지면서 더 강한 자극을 갈망하게 된다.

○○●

부부에게 가장 필요한 덕목은 무엇일까

불륜이 드러났을 때 가장 충격을 받는 사람, 상처를 받는 사람은 상대 배우자다. 분노를 참지 못해 이혼하든, 사정상 이혼은 하지 못하더라도 남처럼 담을 쌓고 살든 배우자를 상처나게 한다. 불륜이라는 사건 뒤에 이혼이나 별거를 하는 일은 두 사람 마음에 달렸다. 그런데 자신의 의사와 무관하게 어른들의 잘못으로 가정이 깨짐으로써 정신적, 육체적으로 말할 수 없는 피해를 겪는 사람은 바로, 아이들이다.

아이는 어느 날 갑자기 영문도 모른 채 부모가 이혼한다고 통보받는다. 부모는 아이에게 아빠랑 살지, 엄마랑 살지 결정하라고 한다. 심지어 처음 보는 사람을 아빠나 엄마라고 부르라고 한다. 부모 중 한 사람이 외도했기 때문이란다. 낯선 광경들, 낯선 환경들, 낯선 사람들……. 부모가 이혼해서 자녀가 받는 트라우마는 상당히 심각하다.

드라마 〈부부의 세계〉에서도 가장 혼란스러운 사람은 극 중 남편과 아내가 아니라 그들의 아들이다. 남편과 아내는 자신이 세상에서 아들을 가장 사랑한다고 생각하여 불륜과 이혼 앞에서 아들은 빼앗기지 않으려고 자존심을 내세운다. 아들이 받는 충격과 혼란은 안중에도 없다.

드라마가 아닌 현실 속에서도 이와 비슷한 모습이 펼쳐진다. 불륜은 이혼을 낳고, 이혼은 가정의 파탄을 낳고, 가정 파탄은 성인인 부모보다 어린 자녀에게 치명상을 입히고 만다.

사랑은 불타는 뜨거움이다. 그러나 세월이 가면서 불은 점점 사그라든다. 남는 것은 오랜 시간 쌓아온 추억의 따뜻함이다. 식탁에서 함께 나눈 정겨운 이야기, 자녀와 보냈던 아름다운 지난날들, 이 모든 것이 결혼생활을 지켜 준다. 불륜은 여기에 찬물을 끼얹어 따뜻함을 차갑게 만든다.

배우자가 상대방의 불륜을 알게 된 순간, 결혼이라는 이름의 거울은 산산조각이 난다. 한 번 깨진 거울은 결코 다시 붙일 수 없다. 사랑은 뜨겁게 불타오르는 시간도 짧지만, 차갑게 식어 버리는 시간 또한 짧다. 후회해도 되돌리기 어렵다.

더는 참고 살 이유가 없다고 느껴질 때

황혼이혼

밤에 좀처럼 잠을 이룰 수 없고, 항상 뭔가에 짓눌린 듯 가슴이 답답하다는 50대 중반의 미자 씨가 찾아왔다. 특별한 원인을 찾기 어려운 데다 그 외의 다른 증상도 없었다. 상담을 통해 마음의 안정을 찾기 위해 노력하면서 밤에 편안하게 잠자리에 들 수 있도록 약물치료를 병행했다.

하루는 미자 씨가 진료실을 찾아 땅이 꺼지는 듯 한숨을 내쉰 다음 나지막이 말을 꺼냈다.

"사실은…… 남편과 각방을 쓴 지 오래되었어요. 우리는 성격이나 취향이나 뭐 하나 맞는 게 없어요. 사사건건 다투며 살았죠. 잠이라도 서로 편안하게 자자며 각방을 쓰게 된 거예요. 남편은 너무 권위적이에요. 내가 밖에 나가서 얼마나 고생하는 줄 아느냐, 힘들게 벌어온 돈 펑펑 쓰면서 뭐 그렇게 불만이 많냐, 이런 식이었어요. 저를 진심으로 이해하고 존중한 적이 없어요. 아이들이 둘인데, 큰애는 대학 졸업하고 직장에 다니고 둘째는 조금 더 있으면 대학을 졸업해요. 제가 밤에 잠을 못 자고 늘 가슴이 답답한 이유는 그동안 참고 살면서 생긴 화병이라고 생각해요. 더는 참고 살 수 없어요. 이대로 살다간 암에 걸려 늘그막에 고생만 하다가 죽을 것 같아요. 이혼해서 얼마가 됐든 남은 인생 자유롭게 살아야죠. 그러면 잠도 잘 자고 가슴이 뻥 뚫릴 거예요."

미자 씨의 얼굴에서 절망과 희망을 동시에 발견할 수 있었다. 남편이라는 울타리에 갇힌 채 고통스럽게 살아온 결혼생활에 대한 절망과 머지않아 남편에게서 벗어나 자유로이 훨훨 날아갈 자신의 모습을 꿈꾸며 갖게 된 희망이었다.

참고 또 참다가 터졌다는 방증

미자 씨의 경우처럼 요즘 '황혼이혼Gray Divorce'이 급증하고 있다. 황혼이혼이란 부부가 자녀를 낳아 다 성장시킨 후 느지막한 나이에 이혼하는 양상을 가리킨다. '검은 머리가 파뿌리 되도록 산다'라는 말은 이제 옛말이 됐으며, '백년해로'가 미덕으로 여겨지던 시대도 저물고 있다. 참지 못하고 홧김에 헤어지는 신혼이혼과 달리 황혼이혼은 도저히 견디기 힘들지만, 자녀를 위해 참고 또 참으며 오랜 계획을 세웠다가 단박에 헤어진다는 특징이 있다.

통계청이 발표한 '한국의 사회 동향 2020'에 따르면 2019년 혼인 지속 기간이 20년 이상인 황혼이혼 건수가 3만 8,446건으로 전체 이혼 건수 가운데 34.7퍼센트를 차지했다. 이혼한 부부 3쌍 중 1쌍이 황혼이혼에 해당한다는 분석이 가능하다. 더불어 이혼 당시의 평균 나이도 1990년 남성은 36.8세였던 것이 2019년 48.7세로 높아졌으며, 여성도 1990년 32.7세였던 것이 2019년 45.3세로 높아졌다. 최근 결혼을 점점 늦게 하는 추세임을 고려하더라도 이혼하는 남녀의 나이가 상당히 많아졌다는 사실은 황혼이혼이 그만큼 늘어났다는 방증이다.

이는 우리나라만의 문제가 아니다. 영국, 독일, 프랑스, 미국 등 주요 선진국 대부분이 황혼이혼으로 몸살을 앓고 있다. 지난 2010년 미국 사회는 앨 고어Al Gore 전 부통령 부부의 갑작스러운 이혼 발표로 큰 충격에 휩싸였다. 그들은 고등학생 때 연인으로 만나 40년간 성공적으로 네 자녀를 키운 행복한 부부의 모델이었다. 40년을 함께 산 잉꼬부부가 환갑을 넘긴 나이에 아무도 예상치 못한 황혼이혼을 결정한 이유는 뜻밖에도 결혼생활에 관한 생각이 서로 다름을 뒤늦게 확인했다는 것이었다. 미국인들은 "왜 클린턴이 아니고 고어란 말인가?"라며 탄식했다. 그 뒤로 황혼이혼에 대한 다양한 분석과 논의들이 촉발되었다.

전 세계적으로 이런 현상이 나타난 데에는 두 가지 요인이 크게 작용했다고 볼 수 있다.

첫 번째 요인은 경제력이다. 예전에는 가정 경제의 주도권은 남자에게 있었다. 아내는 남편이 벌어다 준 돈으로 살림하며 자녀를 낳아 양육했다. 그런 시절에 여자가 먼저 이혼을 요구하기란 사실상 어려웠다. 이혼하면 당장 먹고살 길이 막막했기 때문이다. 여성의 사회 진출이 쉽지 않고 경제력이 빈약할 때의 이야기다. 이제 여성의 사회 진출이 활발해지고 맞벌이 등으로 스스로 경제적 독립이 가능해지면서 옛날처럼 무조건 참고 살지 않아도 되게 되었다. 법적으로도 결혼 이후 형성된 재산에 대한 배우자의 몫을 충분히 인정해 주는 분위기가 형성되었다. 자녀 문제만 아니라면 언제든지 갈라설 수 있는 여건이 마련된 탓이다.

두 번째 요인은 평균 수명의 증가다. 2000년대에 들어 평균 수명이 급격히 늘어나 보통 80~90대까지 살면서 100세 시대까지 바라보게 되었다. 30대에 결혼했다면 자녀들이 다 장성해

가족이라는 착각

도 60대에 불과하다. 젊었을 때는 일하랴 아이 낳아 기르랴 정신없이 살아왔지만, 경제적으로나 정신적으로 여유가 생긴 나이에 남은 30~40년을 지난 세월과 똑같이 시달리면서는 못 사는 것이다.

평균 수명이 60~70대 정도일 때는 사이가 좋지 않은 부부라도 곧 세상을 등질 나이에 무슨 이혼이냐며 포기하고 살았지만, 요즘은 남은 30~40년을 제2의 인생으로 혼자서 자유롭게 살고 싶은 마음을 앞세운다. 자녀 양육 걱정도 없어진 마당에 굳이 마음에 들지 않는 배우자와 더 살고 싶지 않은 것이다.

○○●

무엇이 황혼이혼을 부추기나

부부 사이의 일은 당사자들밖에 모르고, 이혼의 사유는 겉으로 드러난 것 외에 여러 가지 숨겨진 사연이 있기 마련이지만, 황혼이혼을 결심하고 요구하는 쪽은 대부분 여성이다. 이러한 측면에서 보자면 일차적인 책임은 남편 쪽에 있다고 본다.

요즘 젊은 남편들은 가사와 육아에 적극적으로 참여하고 여건에 맞게 아내와 분배하는 편이다. 그러나 예전 남편들은 바깥일이 바쁘다는 핑계로 가사와 육아에 소극적이었다. 이때는 아이가 자라 유치원에 들어간 뒤 초등학교, 중고등학교, 대학교 때까지 모든 교육 문제 역시 엄마 몫이었다. 그렇게 아이를 키우다 보면 엄마는 자연스럽게 교육 전문가, 입시 전문가가 되었다. 교육 문제에서도 아빠는 뒤로 떨어져 있었다.

사업을 하거나 직장생활하면서 돈 버는 일도 어렵지만, 집에서 종일 가사와 육아에 시달리는 일도 대단히 고단하다. 스트레스 또한 만만치 않다. 맞벌이 부부라면 문제는 더 심각해진다. 여자는 엄마이기 전에 아내다. 아내는 슈퍼우먼이 아니다.

상황이 쉽지 않더라도 남편이 아내를 이해하고 존중하며 어떻게 해서든지 일을 덜기 위해 노력한다면 그나마 낫겠지만, 아내의 마음을 조금도 헤아리지 않으면서 중요한 일은 독단적으로 결정하고, 주말이나 휴일이 되면 거실 소파에 누워 텔레비전만 보는 남편이라면 아내 마음에 켜켜이 슬픔과 고통이 쌓였을 것이다.

더구나 명절에 아내는 친정과 집을 오가면서 일하랴 눈치 보랴 정신없는데, 남편은 술 마시고 웃고 떠들면서 화투나 친다면 아내 머릿속에는 황혼이혼의 시곗바늘이 더 속도를 낼 수밖에 없다. 젊었을 때는 남편이 기세가 등등할 수도 있으나 은퇴가 가까워 기세가 꺾이면 비로소 전세가 역전된다. 황혼이혼의 종착점이다.

황혼이혼의 근본적인 원인은 '외로움'이라고 할 수 있다. 외로움의 사전적 성의는 '홀로 되어 쓸쓸한 마음이나 느낌'이다. 결혼이란 남자와 여자가 만나 사랑을 하고, 각자 외로움에서 벗어나 친밀감과 충만함을 경험하는 일이다. 그런데 소통과 공감이 이루어지지 못하면 결혼을 해서 부부가 되어도 홀로 된 듯 쓸쓸하다. 배우자가 있는데도 여전히 외로우면 훨씬 더 힘들고 괴롭다.

인간은 사회적 소외감을 느끼고 주변 사람들로부터 격리되었다고 느낄 때 실제로 뇌의 통증을 느끼는 부분이 활성화된다. 외로운 감정을 오랫동안 느끼다 보면 우울증에 걸리거나 자해, 자살과 같은 극단적인 선택으로 이어지는 수도 있다.

외로움은 애착을 느끼지 못할 때 더욱 증폭된다. 사람은 누구나 깊은 애착에 대한 욕구가 있다. 이는 가까운 친구에게서도 충족되지만, 부모나 연인이나 부부 같은 가족에게서 더 많이 충족된다. 오래 짓눌렸던 외로움이 임계점에 달하면 비로소 황혼이혼의 뚜껑이 열리고 만다.

나이 들어서 혼자 산다면

부모가 황혼이혼을 하면, 홀로 된 부모를 각각 챙겨야 하는 자녀들에게 어떤 면에서 짐을 지우는 듯하다. 손주들 대하기도 예전 같지 않다. 눈치 없는 손주가 할아버지나 할머니는 어디 갔냐고 물으면 대답하기 곤란해진다. 홀로 지내는 시간이 많아질 수밖에 없다.

여성들은 노년을 홀로 지내는 데 익숙하고 적응도 빠른 편이지만, 남성들은 그렇지 못하다. 홀로 되면서 자유로움과 외로움을 맞바꾼다. 자녀들 효성이 지극하고 경제적으로 여유가 있어도 텅 빈 집에 혼자 살면서 느껴야 하는 외로움은 누구도 채워줄 수가 없다.

그러다 보니 대안으로 '졸혼卒婚'이 떠올랐다. 남들 보기도 그렇고 현실적으로 여러 가지 복잡한 문제가 따르니까 정식으로 이혼하기보다는 떨어져 살면서 각자 자유롭게 사는 방식을 택하는 방법이다. 졸혼이란 '결혼을 졸업한다'는 뜻이다. 2004년 일본 작가 스기야마 유미코가 쓴 《졸혼을 권함》이라는 책에서 처음 나온 용어다.

졸혼을 결정한 부부는 서로 간섭하지 않고 원하는 방식에 따라 자유롭게 산다. 가족 모임이나 지인들과 약속이 있으면 서로 협의해서 부부 자격으로 참석한다. 그 외에는 독립적인 생활을 즐긴다. 여건에 따라 한집에 살면서 간섭만 하지 않는 방식도 있고, 완전히 별거해 따로 살며 가끔 만나는 방식도 있다.

졸혼보다는 깨끗이 이혼한 다음, 혼자 살다가 좋은 사람이

결혼생활은 젊었을 때나 나이 들어서나
끝없는 노력이 필요한 마라톤이다.
인내와 끈기 없이는 완주할 수가 없다.

생기면 기회를 봐서 '황혼재혼'을 하는 사례도 많다. 과거에는 노인들이 재혼을 부끄러운 일로 생각했지만, 최근에는 노년에 서로 정서를 나누고 공감할 수 있는 새로운 삶의 동반자를 적극적으로 찾는 추세다.

자녀들도 이혼한 부모가 노년을 외롭게 보내기보다 재혼해서 새로운 삶을 추구하면서 활기차게 사는 모습을 낫게 생각한다. 행여 노환이라도 오면 자식들이 간호하기보다 배우자의 간호가 훨씬 더 부담이 적고 자연스럽다. 그렇지만 이 경우도 문제는 따른다. 늦은 나이에 두 번째로 하게 된 결혼생활이 이전과 달리 순탄할지 걱정된다.

황혼이혼은 신중에 신중을 기해야 한다. 젊어서 이혼할 경우, 재혼할 기회도 많고 경제활동도 얼마든지 가능해서 제2의 인생을 살기가 수월하다. 그러나 황혼이혼은 경제력도 예전같지 않은 데다 재혼에 따른 부담도 만만치 않다. 자신의 상황을 제대로 파악하지 않고 자식들에 의지해 황혼이혼을 결행했을 때 자칫 노년 빈곤층으로 추락할 수 있다. 이혼 후 30~40년을 홀로 살 수 있는 환경이 마련되었을 때 결심하는 것이 현명하다. 배우자로부터 받아낼 위자료도 많지 않고 자신의 경제력도 빈약한 중산층이나 저소득층 중장년 부부가 갈라서게 되면 노년의 삶이 비참해질 수 있다.

황혼이혼을 막으려면 두 사람이 어떻게 살지를 젊었을 때부터 구성하고 준비해야 한다. 함께할 수 있는 취미나 봉사 활동 같은 활동을 미리 시작해도 좋고, 잘 맞지 않았던 정서와 취향을 맞추기 위해 사전에 여러 가지를 시도해 보아도 좋다. 특히 배우자에게 소홀해서 외롭게 만들었다고 생각하는 쪽에서 자신이 달라졌다고 느낄 수 있게 노력해야 한다.

결혼생활은 젊었을 때나 나이 들어서나 끝없는 노력이 필요한 마라톤이다. 인내와 끈기 없이는 완주할 수가 없다. 그렇지 않고 젊었을 때 하던 방식 그대로 고수하면서 은퇴 이후를 맞는다면, 어느 날 갑자기 배우자로부터 '더는 못 참겠으니 이혼하자'는 소리를 들을 수 있다.

3장

부모는
'어른'이라는 착각

나이든 부모와 자식에게 생기는 마음의 갈등

우리가 중요하다고 강조하는 그곳에 함정이 있다.
우리는 자신을 가여운 사람으로 만들 수도,
행복한 사람으로 만들 수도 있다.
사실 둘 다 드는 힘은 똑같다.

- 카를로스 카스타네다Carlos Castaneda

어디든
날 좀
데려가 다오

시설생활증후군

혜민 씨는 요즘 밤잠을 이룰 수가 없다. 어머니 음성이 머릿속을 맴돌기 때문이다. 요양병원에 계신 어머니는 최근 시도 때도 없이 전화를 건다.

"혜민이냐? 왜 안 와? 언제 올 거야?"

"엄마, 갈 수가 없어. 코로나 때문에. 가도 못 만난단 말이야."

"그게 무슨 말이야? 왜 안 오느냐고? 언제 올 거냐?"

"코로나 때문에 못 간다니까. 엄마, 자꾸 왜 그래?"

혜민 씨는 끝내 울음을 터뜨리고 말았다. 자식이 보고 싶어 오라고 채근하는 어머니에게 무슨 잘못이 있겠는가. 어머니가 치매로 말을 못 알아듣고 자꾸만 했던 말을 반복하는 것이 어제

오늘 일도 아닌데, 혜민 씨는 짜증도 나고 울컥 화도 치솟았다.

딸의 지청구에 주눅이 들었는지 오늘 어머니 전화는 여느 때와 달랐다.

"어디든 날 좀 데려가 다오. 너무 답답해. 견딜 수가 없어⋯⋯."

혜민 씨는 말을 잇지 못했다. 남편만 출근시키고 하루 휴가를 냈다. 부장님이 보내는 눈초리가 마음에 걸렸으나 이것저것 따질 겨를이 없었다. 혜민 씨는 차를 몰아 요양 병원까지 내달렸다.

"잠깐만이라도 좋으니 얼굴 한 번만 보면 안 될까요?"

"정말 죄송합니다. 잘 아시지 않습니까? 전화 통화만 하고 가십시오."

혜민 씨는 자리에 풀썩 주저앉았다. 아이처럼 꺼이꺼이 소리 내어 울었다. 요양 병원 관계자는 그 모습을 보고 마음이 쓰였는지 말을 이어갔다.

"멀리서 오셨으니 특별히 잠깐만 어머니를 뵙고 가도록 해드리겠습니다."

반색 끝에 들어선 방에는 유리로 된 칸막이가 있었다. 언젠가 영화에서 봤던 교도소 면회실이 생각났다. 안쪽에서 휠체어를 탄 어머니가 나타났다.

"엄마! 엄마⋯⋯."

"혜민아, 왔구나. 혜민이가 왔어……."

핼쑥해진 어머니를 보니 가슴이 무너졌다. 아무리 애를 써도 눈물을 주체할 수 없었다. 어머니가 딸을 위로했지만, 어머니 양쪽 볼에도 긴 눈물방울이 흘러내리고 있었다.

○○●

무엇이 노부모를 힘들게 할까

자식이 그립고 보고 싶은 노부모의 마음이야 세계 어디든 똑같을 터이다. 과거 대가족 시대의 노부모들은 자녀에게 물질은 물론 정서적인 지지까지 받으며 살았다. 그러나 핵가족 시대가 되면서 예전 같은 물질과 정서적인 지지는 기대하기 어렵게 되었다. 부모와 자녀들의 관계는 시대가 변할수록 점차 소원해졌다. 현대 사회의 노부모들은 육체적 쇠퇴와 더불어 가족으로부터의 소외감과 고독감 등 정신적 혼돈과 정서적 갈등의 악순환 속에서 살아가야만 한다.

가족은 개인의 사회문화적 환경 중에서 질병 발생에 가장 직접적이면서도 일차적으로 영향을 주는 요소다. 가족의 지지는 스트레스나 부적응으로 인한 불안, 우울, 좌절감 등 부정적인 정서를 경감시키는 역할을 한다. 나이가 들면서 역할 상실, 능력 감퇴, 사회적 고립 등으로 우울과 고독에 시달리는 노부모들에게 가족의 따뜻한 지지는 증세를 완화하고 안정을 주는 데 큰 도움이 된다. 가족의 지지를 받으면 노부모들은 정신건강을 증진시킴과 동시에 자신을 긍정적으로 수용함으로써 남은 생을 의미 있게 살아갈 수 있다.

가족의 지지와 자아존중감은 우울증과도 연관된다. 한 연구 보고서에 따르면 가족의 지지가 높을수록 노부모가 지각한 우울 정도는 낮았고, 자아존중감 만족도는 높았다. 반면 가족의 지지나 가족 사이의 친밀성이 낮으면 우울과 불안이 나타났다고 한다. 입원환자를 대상으로 한 다른 연구에서도 대상자가 지각한 가족의 지지가 높을수록 우울 정도는 낮아졌다.

무엇이 노부모를 편안하게 할까

2010년 통계청 자료에 의하면 노인들이 겪는 가장 큰 어려움은 첫 번째가 경제적 어려움이었고, 두 번째가 건강 문제였다. 노인들의 건강 문제는 대부분 만성질환이다. 장기간 치료와 간호가 필요한 만성질환은 노인들을 요양원 등 시설에 입소하게 만든다.

가족이라는 착각

가족의 지지는 스트레스나 부적응으로 인한
불안, 우울, 좌절감 등 부정적인 정서를
경감시키는 역할을 한다.

요양 시설에 거주하는 노인의 심리 증상은 일반 노인의 심리 증상과 다른 양상을 보인다. 일반 노인들은 가족과의 갈등, 사업 실패, 조기퇴직 등 특정 인물과의 갈등이나 사건 발생에서 우울을 느낀다. 특정 사건으로 정서적 어려움을 겪고, 원인이 되는 사건에 대한 집착과 증오심을 동반한다. 이를 해결하기 위해 가족들과 대화를 많이 나누며 여러 가지 도움을 받는다.

이와 반대로 요양 시설에 입소한 노인에게서 나타나는 우울은 핵심이 되는 사건이나 인물이 없다. 오랜 시간 동안의 고립과 허무감에 의해 점진적으로 진행되면서 내성적인 성격으로 고정된다. 요양 시설에 입소한 노인의 우울은 특정 인물이나 사건에 대한 분노와 편집이 없는 반면, 가족이나 친척 등 일차보호자가 옆에 없기에 깊은 대화로 이뤄지는 노력이 없고, 자학으로 이어질 가능성이 다분해 문제가 심각하다. 이와 같은 형태의 우울 증상을 '시설생활증후군 Syndrome of Facility Residence' 이라고 부른다. 시설생활증후군이란 가족의 보호를 받지 못한 채 고립된 상태에서 수동적인 삶을 영위한다는 피해의식에서 비롯되는 우울 상태를 말한다. 이러한 상태는 점진적이면서도 지속해서 발전함으로써 지능, 언어, 신진대사, 식욕, 수면 등에 심각한 장애를 초래한다.

혜민 씨 어머니 역시 시설생활증후군으로 추정된다. 만성질환에 시달리는 노인으로서 오랜 시간 동안 특정 시설에 거주한

다. 눈에 밟히는 자식과 손주들을 보지 못한 채 살다 보면 고독
감이 깊어져 우울 증세를 보일 수 있다. 어찌 보면 당연한 일이
다. 몸은 늙어 예전 같지 않을망정 사람을 그리워하는 마음만
은 예나 지금이나 매한가지니 말이다. 전세계에 불어닥친 팬
데믹으로 몇 달째 가족들을 만날 수 없었기에 허전한 마음은
이루 말할 수 없을 것이다. 아침부터 밤중까지 분주하게 지내
는 젊은 세대와 달리 노인들은 온종일 눈앞에 가족들 얼굴이
아른거릴 테니 얼마나 마음이 아프겠는가.

노부모와 좋은 관계를 맺으려면 먼저 노인들의 마음을 이해
해야 한다. 비록 전화 통화밖에 할 수 없는 상황이라 할지라도
애틋한 자식들의 마음이 잘 전달되도록 해야 한다. 부모님을
사랑하는 마음, 그립고 보고 싶은 정서를 부모님이 제대로 느
낄 수 있게끔 전한다. 노부모가 방금 했던 말을 까맣게 잊고 되
물어도, 한 말 또 하고 또 하더라도, 엉뚱한 이야기를 자꾸 끄
집어내더라도, 웃으면서 상냥한 말투로 정성을 다하는 대답이
필요하다. 하루 한 번만이라도 자식이나 손주들과 수화기 너
머로 이런 깊은 대화를 나눌 수만 있다면 요양 시설에 있는 노
부모들이 고립감, 허무감, 고독감에 빠져 자학으로 치닫지는
않을 것이다. 효도란 결코 먼 데 있지 않다.

나이든
부모를
이해한다는 것

—
노화

늘는다는 것은 무엇일까? 우리나라에서는 만 65세 이상을 노인으로 분류한다. 노인이 되면 대개 직장에서 은퇴해 연금을 받고, 지하철을 무료로 이용할 수 있는 특혜가 주어진다. 하지만 연대기적으로 계산해 사회에서 노인 대접을 받는 것과 자신의 몸에 노화가 진행되는 것은 별개의 문제다.

연령을 나누는 여러 방법 중에 생물학적 연령이 있다. 생물학적 연령은 발달 또는 퇴화를 겪는 전반적인 신체 상태에 따라 연령을 측정하는 방법이다. 사고로 인한 경우가 아니면 대다수 건강한 사람이 경험하는 신체 발달의 최종 단계는 노화다. 60세 무렵에는 각 신체 기관에서 꾸준히 진행되던 세포 소실이 눈에 띄게 관찰된다. 이에 따라 몸의 기능들이 점점 둔화

되고 상실된다. 피부와 근육의 신축성이 떨어지고, 독소나 노폐물을 거르는 비뇨 체계가 느려지며, 위장에서 영양분을 흡수하는 능력도 저하된다. 근육량이 줄면서 근육의 힘도 약해진다. 호흡계는 산소를 덜 흡수하고, 심혈관계는 두 배로 힘들게 일한다. 75세 노인의 심장은 30세 청년의 70퍼센트 수준으로 기능한다.

이 같은 신체의 노화는 정신에 어떤 영향을 미칠까? 신체와 정신은 같은 속도로 늙어갈까? 호흡계와 심혈관 시스템의 효율성이 떨어지면 산소 공급에 제한이 생겨 뇌에 해로운 영향을 끼친다. 대표적인 증상이 뇌졸중이다. 뇌졸중은 뇌의 일정 부분에 혈액 공급이 차단됨으로써 뇌 조직이 죽어서 생긴다. 위장 기능이 저하되면서 입맛이 떨어지면 영양실조로 이어지고, 비타민 B12 결핍으로 치매 같은 증상이 나타날 수도 있다. 신체가 점점 노화됨을 체감하면서 이상과 현실의 괴리로 인해 우울증에 빠지는 사람도 있다.

노년기에 누구에게나 찾아오는 신체와 정신의 노화를 본인과 가족, 그리고 주변 사람들이 자연스럽게 받아들이고 그 모습 그대로 인정해야 한다. 식사나 생활 습관 등의 변화를 통해 노화의 진행을 늦추고 좀 더 젊게 살기 위해 열심히 노력하는 일은 바람직하지만, 노화를 거부하면서 인위적인 방법으로 이를 자꾸 거스르면 오히려 역효과를 불러올 수 있다.

노년의 안정을 위한 노력

노화가 신체와 정신의 변화를 주듯 감정에는 어떤 변화를 줄까?

2003년 6월 3일 미국 뉴욕타임스 기사에 따르면, 노인들은 자신의 경험을 회상할 때 긍정적인 면을 많이 떠올리고, 부정적인 면은 적게 떠올린다고 한다. 나이를 먹어감에 따라 삶의 어두운 쪽보다는 밝은 쪽을 더 자주 바라보면서 즐겁게 살아가려고 노력하는 것이다.

심리학자 로턴Rotton에 따르면 노인들은 '정서 최적화' 목표를 위해서 정서 조절을 시도한다고 한다. 정서 최적화란 부정적인 감정을 피하면서 긍정적이고 정서적이며 지적인 자극을 받아들이는 경향을 가리킨다. 부정적 정서를 더 많이 경험할 수 있는 환경 속에서도 긍정적인 자극에 주의를 기울이며 이를 기억하려는 정서 최적화 특성은 노년기 삶의 질을 높이는 데 중요한 역할을 한다.

한편 로라 카스텐슨Laura L. Carstensen 스탠퍼드대 심리학 교수는 삶에서 가장 중요한 사회적 동기에는 정서 조절, 자기 개념의 발달과 유지, 그리고 정보 추구가 있다고 말했다. 그중 노년기에 접어들수록 정보 추구의 중요성은 감소하는 반면, 정서 조절이 중요해진다고 했다. 내인관계에서 정서 조절을 통해 최대한 정서적인 만족을 얻기를 목표로 하는 것이다. 개인의 경험이나 지식수준에 따라 다르겠지만, 새로운 정보를 제공하는 사람의 수가 현저히 줄어들고 자신의 생이 불과 얼마 남지 않았다는 인식이 그러한 변화를 일으킨다고 한다.

연령 증가에 따른 정서 표현의 특징을 살펴보면 노년기에는 강렬한 정서 표현이 점점 줄어든다. 노년기에 세상에 대한 정서적 관여를 줄이는 이유는 노화로 인한 쇠퇴와 사회적 자극의 감소 때문이 아니라, 정적인 정서 상태를 유지하면서 정서적인 만족을 얻기 위함이다. 이때는 가까운 친구나 친지들과 관계가 더욱 중요해지지만, 새로운 관계는 피상적인 수준에서 유지하려고 한다.

○○●

기억력이 감퇴할 뿐 창조력은 감퇴하지 않는다

노년기에 접어들면 신체 노화를 겪으면서 정서 최적화와 정서 조절을 목표로 생각하고 행동하는 까닭에 시야와 행동반경은 물론 인간관계까지 줄어들고 매사 소극적으로 대처하게 된다. 그렇다고 노년에 표현 욕구가 없는 것은 아니다.

노인이 되면 몸이 쇠약해지고 기억력이 감퇴할 뿐 창조력은 감퇴하지 않는다. 입체파를 대표하는 화가 피카소는 90세가 넘도록 쉼 없이 창작 활동을 이어갔다. 그는 나이가 들수록 더 왕성하게 창작에 매진해 회화를 넘어 조각, 판화, 도자기까지 넘나들었다. 독일의 대문호 괴테 역시 80세가 넘을 때까지 활발하게 글을 썼다. 그의 대표작《파우스트》는 82세 때 완성된 작품이다. 세계적인 경제학자 갤브레이스Galbraith 하버드대 교수는 86세에 이르러 날카로운 혜안과 경륜이 담긴 명저《경제 시대로의 여행》을 출간했다.

한국인의 경우는 어떨까? 연세대 철학과 교수를 지낸 김형석 선생은 백수를 넘긴 나이에도 청년 못지않은 체력으로 강연과 저술 활동을 한다.

얼마 전 세상을 떠난 이어령 전 문화부 장관은 암 투병 중에도 끊임없이 새 책을 선보이며 집필에 열중하는 모습을 보였다. 이중섭 화백의 친구인 김병기 화백도 최근 106세로 타계하기 전까지 왕성하게 현역 화가로 붓을 든 바 있다.

독일 시인 사무엘 울만Smule Ullman은 78세 때 쓴 '청춘'이라는 시에서 다음과 같이 노래했다.

영감이 끊어져 정신이 냉소의 눈에 묻히고
비탄의 얼음에 갇힐 때

그대는 스무 살이라도 늙은이가 되네.

그러나 머리를 드높여 희망이란 파도를 탈 수 있는 한

그대는 여든 살이어도 늘 푸른 청춘이네.

　

노인이 되어 육체는 쇠약해지더라도 뭔가를 창조하는 능력
은 죽는 순간까지 성장을 멈추지 않는다. 삶 속에서 켜켜이 쌓
아온 경험과 지혜와 직관을 자양분 삼아 창조적 사고에 몰두한
다면 얼마든지 뛰어난 작품을 만들어 낼 수 있다.

노부모를
돌보는
방법

노인 우울

창식 씨는 결혼을 하고 직장이 있는 서울에 살면서 아이를 낳아 가정을 이뤘다. 그런데 지방에 계신 부모님이 멀리 떨어져 있는 창식 씨에게 수시로 연락을 했다. 어머니는 손녀가 보고 싶다며 툭하면 내려오라고 했고, 창식 씨가 내려가지 못하자 연락도 없이 서울로 올라와서 자고 가기 일쑤였다.

창식 씨는 아내의 눈치를 보기 시작했고, 안 그랬던 어머니가 최근에 이상하리만큼 외로움을 타는 모습이 안쓰럽기도 했다. 무엇보다 어머니가 이유도 없이 음식을 소화시키지 못해서 걱정이었다. 왜 소화를 못 시키는지 원인을 알기 위해 병원에서 각종 검사를 받았으나 찾지 못했다. 한의원도 다니며 치료를 받았지만 그때뿐이었다. 걱정되어 찾아뵌 어머니는 야위

였으며, 슬픈 표정을 짓고 있었다. 창식 씨는 멀리서 걱정이 이 만저만이 아니었다. 우선 우울한 어머니의 마음을 달랠 방법을 찾아야 했다.

창식 씨는 고심한 끝에 스마트폰을 이용하기로 했다. 영상 통화를 자주 하기도 하고, 손녀가 노래를 부르거나 춤을 추는 모습을 담은 영상을 만들어서 어머니에게 보냈다. 아이가 할머니에게 하고 싶은 말을 전하는 영상 편지도 만들었다. 어머니는 종일 스마트폰을 들여다보면서 잠시나마 우울하고 외로운 시간을 행복하게 보냈다.

자식들 생각에 물끄러미 창밖을 바라보며 눈물짓기 일쑤였던 창식 씨 어머니는 스마트폰 덕분에 자식들과 같이 사는 듯한 마음에 위로를 받았다고 했다. 그런데 창식 씨의 어머니는 남편이 있음에도 자식을 그리워하고, 왜 부쩍 우울함에 빠졌던 것일까?

노년기의 다섯 가지 성격 유형

미국 심리학자 수전 케이트 리처드 Suzanne Kate Reichard 는 노년기의 성격을 연구해 다음의 다섯 가지 유형으로 구분했다.

① 성숙형: 매사에 신중하고, 은퇴 후의 변화를 수용하며, 과거에 집착하지 않고, 여생이나 죽음에 대해 과도하게 불안해하지 않는다.

② 방어형: 노화에 따른 불안을 방지하기 위해 그동안 하던 사회적 활동과 기능을 계속해서 유지하려고 한다.

③ 은둔형: 은퇴한 다음 과거 힘들었던 일이나 복잡한 대인관계에서 벗어나 조용히 수동적으로 보내는 편이 만족스러운 타입이다.

④ 분노형: 젊은 시절에 꿈꿨던 인생의 목표를 달성하지 못한 채 늙어서 비통해 실패의 원인을 외부에 투사하여 남을 질책한다. 자신이 늙었다는 사실을 인정하지도 않고, 타협하려 하지도 않는다.

⑤ 자학형: 지난 인생에 대한 후회가 많고, 불행이나 실패의 원인이 자신에게 있다고 생각해, 자신을 무가치하고 열등하다고 평가한다. 의기소침해하거나 우울증을 보이기도 한다.

이처럼 노년기에는 각자 살아온 인생에 따라 여러 가지 성격 유형을 보인다. 창식 씨의 어머니의 경우 자학형에 포함된다. 따라서 성공적으로 노년기를 보내지 못할 경우, 자칫 정신장애가 나타날 수도 있다. 노인들의 정신장애 중 하나인 '노인 우울'

은 노인집단에서 심각한 문제로 대두되고 있다. 현역 시절 왕성하게 활동하던 친구들이 은퇴 이후 갑자기 건강이 나빠지거나 자신에게 많은 지지와 응원을 보내던 주변 사람들이 하나둘 세상을 떠나는 광경을 지켜보면서 점점 노인 우울을 경험하게 된다.

노인 우울은 감각이나 신체에 장애가 있을 때 발생 빈도가 높다. 노인 우울을 일으키는 변인으로는 만성질환이나 일상생활에서의 동작 수행 능력과 주관적인 건강 상태를 들 수 있다. 어떤 연구에서는 노인들의 우울증은 주요 생활사건, 신체장애, 만성적인 장애와 신뢰감 있는 대인관계의 결여 등과 연관이 있다고 했다.

다른 연구에서는 사회적 지지의 결여, 고독, 주요 생활사건 등이 노인들이 겪는 우울증의 위험인자라고 제시하기도 했다. 몸이 예전 같지 않은 노인들이 정신 질환에 시달리지 않고 성공적인 노년기를 보내기 위해서는 가족들의 지지와 주변 사람들의 구조적인 도움 등이 매우 중요하다.

창식 씨는 어머니의 우울함을 파악하고, 멀리 있지만 관심과 애정을 기울이며 어머니의 건강을 위해 현명한 방법을 찾았던 것이다.

정서적 유대감은 멀리서도 쌓을 수 있다

과거 전통사회에서는 노인들을 당연히 집에서 보살펴 드려야 한다고 생각했다. 하지만 그 당시에는 늙고 병들었다고 해봐야 고작 50~60대에 불과했다. 그들의 자식 역시 20~30대로 매우 젊었다. 지금은 어떨까? 의학의 발달과 평균 수명의 연장으로 노인이 된 자식이 더 노인인 부모를 돌보는 시대가 되었다. 최근 우리 주변에서는 80~90대 부모를 돌보는 60~70대 자녀를 많이 본다. 게다가 자식을 많이 낳던 과거에 비해 자녀 수는 점점 더 줄어드는 까닭에 노부모 봉양에 대한 자식들의 부담감은 더욱 커진다.

핵가족 시대에는 노인들을 집에서 모시기 어렵다. 부모님을 사랑하지 않아서가 아니다. 효심이 부족해서도 아니다. 삶의 메커니즘과 생활 방식이 그렇다. 가족 모두 직장에 나가야 하고 학교에 가야 하는 상황 속에서 노부모를 24시간 돌보기 힘들다. 창식 씨처럼 일하는 곳에 맞춰 거처를 옮길 경우, 부모와 멀리 떨어지기 쉽다.

이럴 때 가장 현명한 방법은 무엇일까?

요즘 노인들을 위한 돌봄 시설이 다양하게 생겨나고 있다. 노인들이 한동안 최소한의 도움만 받으며 독립적인 생활을 영

몸이 예전 같지 않은 노인들이
정신 질환에 시달리지 않고
성공적인 노년기를 보내기 위해서는
가족들의 지지와 주변 사람들의
구조적인 도움 등이 매우 중요하다.

위할 수 있는 주거 시설도 있고, 노부부가 함께 편하게 살 수 있는 시설도 있으며, 전적인 보살핌이 제공되는 시설 등도 있다. 보통 노부부의 경우 한쪽이 아프고 다른 배우자에게도 건강상 문제가 생기면 돌봄 시설을 이용한다. 둘 중 한쪽이 먼저 세상을 떠나 한 사람만 남았을 경우, 자식들이 봉양하기 더 어려워진다. 이런 경우에 자식들은 홀로 된 부모의 돌봄 시설 행을 늦게 결정하기도 한다.

그러나 노부모가 새로운 환경에 적응할 능력이 조금이라도 남아 있을 때, 그리고 가족이 너무 지치기 전에 긴밀히 상의해서 노부모의 돌봄 시설행을 결정하는 편이 낫다. 노부모를 돌봄 시설에 맡긴 가족은 자신의 부모가 점점 퇴행하는 모습을 보면서 슬픔과 고통을 느낀다. 특히 요양원이나 요양 병원으로 가는 경우 노부모를 돌보는 부담감이 줄었다는 사실에 안도하면서도 스스로 이기적인 생각을 품었다며 자책한다. 어느 시기가 좋을지 면밀히 판단할 필요가 있다.

창식 씨는 스마트폰을 이용해 다양한 방식으로 가족애를 표현했다. 그로써 멀리 떨어진 어머니가 외로움과 고독감을 느끼지 않게 했다. 매우 현명한 처사다. 경제적으로 넉넉하지 않아도, 사회적으로 성공하지 못했어도, 부모님을 행복하게 해드리는 방법은 얼마든지 있다. 창식 씨네 가족처럼만 한다면

노인들의 성품이 분노형이나 자학형으로 변하지 않고 성숙형
으로 발전해 갈 수 있을 것이다.

이제 집에서 부모를 모시는 것만 능사가 아닌 시대가 왔다.
돌봄 시설에 모시더라도 자식들이 하기에 따라 정서적 유대를
끈끈하게 유지할 수도 있다. 자책하거나 죄책감을 가질 일이
아니다. 각자 사정에 맞게, 시대에 맞게 효도법도 변하고 있다.

어느 날
알아보지
못할 수도 있다

치매

몇 년 전, 어느 신문 기사를 읽다가 놀랐던 기억이 난다. 이름만 대면 누구나 알만한 유명한 소설가가 자신이 치매라고 고백했기 때문이다. 나이가 많았지만, 워낙 총명한 작가이기에 저런 사람도 치매에 걸릴 수 있구나 하는 생각이 들었다.

인터뷰 내용에 따르면, 그는 글을 쓰다가 갑자기 단어가 생각나지 않을 때가 있었다고 했다. 한창 젊을 때는 마치 창고에서 꺼내 쓰듯 자신도 모르게 좋은 단어와 문장과 자료들이 머릿속에서 쏟아져 나왔는데, 이제는 뻔히 아는 단어조차 기억나지 않을 때가 많다고 했다. 그럴 때는 딸에게 전화를 걸어 물어본다면서……. 세월이 무상하다.

가족이라는 착각

치매Dementia 란 특정 질환을 가리키는 병명이 아니라 포괄적인 용어다. 여러 가지 원인에 따른 뇌 손상으로 기억력을 포함, 다양한 인지기능 장애가 생김으로써 일상생활을 유지할 수 없는 상태를 뜻한다. 기억력과 관련된 까닭에 일반적으로 많은 생각을 하면서 글을 쓰는 작가나 학자에게 나타날 경우, 일상이 더 어려워질 수 있다.

나이가 들면서 사람들이 가장 많이 염려하는 질병이 바로 치매다. 다른 질병과 달리 완치가 어려운 데다가 수술이나 약물 치료 등이 별 효과가 없다고 알려졌기 때문이다. 무엇보다 치매는 인간의 존엄성, 정체성과 관련되기에 더 많이 걱정된다. 주변 사람을 알아보지 못하고, 소중했던 기억이나 추억을 모두 상실하는 증상은 견디기 힘든 고통이다. 심할 경우 배우자나 자식조차 알아보지 못한다.

○○●

치매에 대한 세 가지 오해

치매는 '어리석을 치癡' 자와 '어리석을 매呆' 자가 합쳐진 말이다. 이 단어에는 '어리석다', '어리다', '미련하다', '어리둥절하다'라는 뜻이 담겨 있다. 총기를 잃고 어리석어지며, 다시 어린 아이가 된 듯 사리 분별을 못하고, 미련한 짓을 천연덕스럽게 하며, 기억력이 없어 매사 어리둥절한 상태가 된다는 의미다. 이런 상태에 이르면 당사자도 물론 힘들지만, 이를 지켜보는 가족들은 억장이 무너질 수밖에 없다. 존엄성과 정체성을 상실한 채 천지 분간 못하는 상태로 백 살 넘게 사는 인생이 무슨 가치가 있느냐는 생각까지 들게 한다.

이토록 많은 사람이 치매를 걱정하면서 관심을 기울이지만, 의외로 잘못 알려진 사실이 많은 것 또한 치매다.

오랫동안 치매에 관해 잘못 알려진 세 가지 오해가 있다.

첫 번째는 치매는 노인들만 걸리는 병이라는 생각이다. 치매는 노인들만 걸리는 병이 아니다. 60세 이전에도 치매가 발견된다. 이를 '조기 발병 치매'라고 한다. 요즘 신조어 가운데 '영츠하이머'라는 말이 있다. 젊음을 뜻하는 '영 Young'과 '알츠하이머'가 합쳐진 단어다. 각종 스트레스와 불안감 등에 시달리는 젊은이들이 일찌감치 치매 증세를 호소한다. 물론 노인들보다 발병률이 높지는 않지만, 젊다고 해서 마냥 안전지대는 아니라는 사실을 말해 준다.

한국 사람들의 치매 발병률은 경제협력개발기구OECD 평균보다 최소 1.3배 이상 높고, 알츠하이머가 발병하는 나이가 평균 2년 이상 빠르다고 한다. 젊다고 결코 안심할 수 없다는 이야기다. 40~50대의 경우, 치매가 발병하기에는 아직 젊은 나이라고 생각하는 경향이 많아 치매 진단 또는 예방을 위해 별다른 노력을 기울이지 않는다. 치매 초기 증상임에도 단순한 건망증으로 치부해 버리기 쉽다.

자신이 젊다고 생각하더라도 가족력이 있거나 여러 가지 인지기능 저하가 의심되면 반드시 치매 전문 의료기관이나 정신건강의학과를 방문해 MRI 검사, 인지기능검사, 유전자 검사를 포함한 정밀한 치매 검사를 받아야 한다.

두 번째는 기억력 손상이 곧 치매라고 치부한다. 치매는 기억 손상을 초래하지만, 단지 기억력만 문제는 아니다. 치매는 정상적으로 성숙한 뇌가 후천적인 외상이나 질병 등 외부 요인에 의해 손상 또는 파괴되어 전반적인 지능, 학습, 언어 등의 인지기능과 정신기능이 떨어지는 복합적인 증상이다. 계산능력이 저하되고, 사고의 폭과 깊이가 얕아지며, 계속해서 같은 말과 같은 행동을 반복하는 보속증Perseveration이 나타난다. 관심사를 다른 데로 돌리기 위해 아무리 화제를 바꿔도 앞서 했던 말이나 행동을 지속한다. 치매 환자를 돌보거나 대화를 나눌 때 가장 어려움을 겪는 부분이기도 하다.

치매 환자의 기능 수준을 평가하는 방법으로는 뉴욕대 의대 라이스버그 교수 등이 제안한 전반적퇴화척도GDS, Global Deterioration Scale가 있다. 환자들은 일곱 단계 중 하나로 분류된다.

1단계는 정상적인 기능을 하는 사람이다. 2단계는 지적 기능 상실에 대한 주관적 불편감은 있지만, 다른 사람들은 그다지 심각하게 받아들이지 않는 사람이다. 3단계는 문제없이 잘 수행했던 복잡한 과제에서 지적 손상, 특히 기억력이 드러나는 사람이다. 4단계는 비교적 복잡한 일상생활의 과제들, 예를 들면 재정 관리를 처리하는 것까지 손상이 간 사람이다. 5단계는 적합한 옷을 고르는 데 수행 장애가 있는 사람이다. 6단계는 스스로 옷을 입을 수 없고, 개인위생 관리를 할 수 없는 사람이다. 7단계는 운동 및 언어 기술마저도 소실된 사람이다.

세 번째는 치매와 알츠하이머가 같은 병이라는 생각이다. 알츠하이머가 치매 유형 중 가장 흔하지만, 다른 유형의 치매들도 있다. 치매의 원인이 되는 질환은 최소 50개 이상이다. 그중 3대 원인 질환이 알츠하이머, 혈관성 치매, 그리고 루이체 치매다.

○○●

서서히 다가오는 검은 그림자

1907년 최초로 보고되면서 알려진 알츠하이머병은 가장 흔히 발생하는 치매의 원인으로, 전체 원인의 약 50퍼센트를 차지하고, 뇌졸중 후 발생하는 혈관성 치매는 약 10~15퍼센트에 달하며, 알츠하이머와 혈관성 치매가 동시에 발생하는 경우는 약 15퍼센트로 알려졌다.

알츠하이머병은 대뇌 피질 세포의 점진적 퇴행성 변화로 인해 기억력과 언어 기능에 장애가 생기고, 판단력과 방향 감각이 상실된다. 성격도 변화되어 자기 자신을 돌볼 능력이 없어지는 병이다. 진행 과정에서 인지기능 저하뿐만 아니라 성격 변화, 초조행동, 우울증, 망상, 환각, 공격성 증가, 수면 장애 등의 정신행동 증상이 흔히 동반된다. 말기에 이르면 경직, 보행 이상 등의 신경학적 장애 또는 대소변 실금, 감염, 욕창 등 신체적인 합병증까지 나타난다.

알츠하이머병 환자의 뇌를 MRI 검사했을 때 대부분 뇌 위축 소견이 발견된다. 알츠하이머병을 의심해서 검사했지만, 다른 치매의 원인이 밝혀지는 경우가 있기 때문에 반드시 검사가 더 필요하다.

치매의 무서운 점은 서서히 진행된다는 데 있다. 치매는 처음에는 증상이 없다가 점점 기억력, 집중력, 판단력이 떨어지고, 어느 순간에 이르러 전반적인 인지장애가 나타난다. 아직 마땅한 치료 방법이나 약이 없기에 더욱 안타깝다. 젊었을 때부터 치매 예방을 위해 식습관과 생활 습관을 개선하고 좋은 습관을 기르는 법이 중요하다.

내 존엄성과 정체성은 내가 지킬 수밖에 없다. 세상에서 나를 가장 사랑하는 배우자도, 나를 자신들보다 더 아끼는 부모도, 눈에 넣어도 아프지 않을 내 자식도 내 존엄성과 정체성을 지켜 주지는 못한다.

매달
연락이라도
드렸어야 했는데

부양

기원전 5세기경에 활동한 고대 그리스 철학자 프로타고라스
는 이렇게 말했다.

"인간은 만물의 척도다."

프로타고라스의 말을 현대인들에게 적용하자면 이렇게 바꿔
말해도 틀리지 않을 것이다.

"돈은 만물의 척도다."

현대 사회에서 돈은 가치의 기준이 된다. 우리가 사는 거의
모든 분야에 걸쳐 어지간하면 다 돈으로 가치를 환산할 수
있다. 가치가 있다면 비싸고, 가치가 없다면 싼 것이 상식이다.

서구 자본주의가 밀려들기 전, 우리 조상들은 이런 말을 하
며 살았다.

"돈 가는 데 마음 간다."

돈을 어떻게 벌어서 어떻게 쓰느냐는 그 사람의 가치관이나 됨됨이를 파악할 수 있는 척도가 된다. 돈을 많이 벌 수 있는 곳, 어렵사리 번 내 돈을 사용하는 곳, 그곳에 내 마음도 따라간다. 현대인들에게 돈과 마음은 동전의 양면과도 같다.

○○●

영영 오지 않을 수 있는 지금

해가 바뀌면 사람들은 한 해의 계획을 세운다. 그 계획의 상당 부분을 좌지우지하는 것도 역시 돈이다. 올해 수입은 얼마나 될까, 장사가 잘될까 잘 안 될까, 집값이 오를까 내릴까, 월급이 인상될까 깎일까, 등록금과 학비는 어떻게 될까, 저축을 할 수 있을까 아니면 빚을 내야 할까, 이런저런 계획을 세우다 보면 웃음이 나올 때보다는 한숨이 나올 때가 더 많다.

빠듯한 수입으로 가계를 운영하거나 가게를 유지하거나 회사를 경영하려면 가장 시급하고 필수적인 사항부터 지출 계획을 짜기 마련이다. 우선순위에서 밀리면 당분간 지출을 억제한다. 우선순위는 바로, 마음이 정한다. 우리는 보통 마음이 더 쓰이는 부분, 더 중요하고 더 급하다고 생각하는 부분에 돈을 쓴다. 마음이 덜 쓰이는 부분, 덜 중요하고 덜 급하다고 생각하는 부분에는 돈을 쓰기 어렵다. 억제와 절제의 기준이 곧 내 마음이다.

'언젠가 여유가 생기면, 고아원이나 양로원에 기부도 하고 살아야지.'

'좀 살만해지면 불쌍한 사람, 가난한 사람을 돕는 곳에 돈도 송금하면서 살고 싶어.'

이렇게 생각만 하고, 실제로 돈은 한 푼도 보내지 않았다면 마음이 없다는 뜻이다. 언젠가 오리라 믿었던 여유와 조만간 누릴 수 있을 듯하던 살만한 세상은 영영 오지 않을 수도 있다. 설령 왔다 해도 느끼지 못할 수도 있다.

언젠가 지인이 모친상을 당해 상가에 조문을 간 적이 있었다. 점잖은 분들이라 장례식장은 조용한 분위기였다. 조문을 마친 뒤 몇몇 지인과 식사를 하고 있는데, 갑자기 장례식장이 소란스러웠다.

"아이고, 엄마! 살아생전 효도 한번 제대로 못했는데, 이렇게 가시면 어떻게 해요!"

고인의 딸로 보이는 중년 여인이 영정 앞에 엎드려 대성통곡했다. 조용하던 분위기라 집중이 되었다. 밥을 삼킬 수가 없었다. 중년 여인의 그다음 한마디가 조금 놀라웠다.

"이럴 줄 알았으면 매달 용돈이라도 드리는 건데, 그걸 못 드렸으니……"

장성한 자식이 연로한 부모에게 미처 생활비나 용돈을 드리지 못한다면, 자식 노릇을 다하지 않았거나 효도와는 약간 거리가 있다고 생각할 수도 있다. 얼마 되지 않는 돈일망정 매달 정해진 날짜에 부모에게 송금하고 싶은 마음은 자식이라면 누구나 가질 것이다. 그렇지만 저마다 사는 형편이 다르고, 각자 말 못할 사연 또한 있는 법이다.

"언젠가 여유가 생기면, 좀 살만해지면 그때 생활비나 용돈을 제대로 보내 드릴게요."

이런 말을 듣는 부모는 자식에 대한 고마운 마음, 걱정하는 마음이 들게 마련이다. 부모가 내가 여유가 생기고 살만해질 때까지 기다려 주신다면 문제가 없지만 말이다.

신달자 시인은 자신과 엄마 사이에 있었던 돈에 관한 일화를 《엄마와 딸》이라는 수필집에서 이렇게 풀었다.

우리 엄마는 돈을 좋아했다. 그러나 좋아하는 만큼 가지지 못했다. 그 돈의 만족을 줄 수 없는 아픔은 어머니가 돌아가시고 30년이 훨씬 넘어도 아프다.
어느 날 어머니가 집에 오셨다. 내가 서른 중반이었을 것이다. 엄마에게 보여 주고 싶지 않은 풍경들이 집에는 가득했다. 엄마는 울먹였고 나는 빨리 가라고 등을 떠밀었다. 나는 대문 앞에서 만 원짜리 한 장을 주머니에 넣어 드렸다.

"엄마, 택시 타고 가."

엄마는 그 돈을 다시 내 주머니에 넣어 주었다.

"혼자 빨리 저 시장에 가서 짬뽕이라도 한 그릇 사 먹어라."

엄마는 완강하게 날 밀었다. 그렇게 만 원짜리 한 장을 가지고 몇 차례 옥신각신하다가, 나는 돈을 길에 던져 버리고 대문을 닫아버렸다. 조금 후 대문을 밀고 나가 보니 길에는 만 원도, 엄마도 없었다. 나는 거리에 주저앉아 울었다. 울고 또 울었다. 그 만 원짜리 한 장을 거리에서 허리를 굽혀 주웠을 엄마를 생각하면 지금도 뼈가 저리다.

책을 쓸 당시 이미 칠순의 나이였음에도 시인은 돈만 보면 어머니 생각이 나고, 그 돈을 어머니께 드리고 싶어 안달이 난다고 했다. 돈과 마음은 이렇듯 항상 어긋나기 마련이다.

그런가 하면 코미디언으로 유명했던 이홍렬 씨는 이제는 폐간된 잡지 〈샘이 깊은 물〉에 이런 글을 썼다.

얼마 전에는 어머니가 내 꿈속에도 찾아오셨다. 무슨 영문인지 모르겠지만, 그때 난 용돈 이십만 원을 드렸다. 깨고 나서 얼마나 후회하고 가슴이 아팠는지. 왜 하필이면 이십만 원을 드렸을까. 더 드릴 수 있었는데. 이백, 이천만 원 아니 내가 가진 모든 것이라도 드리고 싶은데. 늘 받기만 하다 모처럼 드린 용돈이었는데, 고작 이십만 원이었다니 며칠 동안 우울하고 안타까웠다.

그 역시 자신이 성공하기 전에 돌아가신 어머니에게 용돈 한 번 변변히 드리지 못했던 일이 한처럼 남은 것이다. 꿈속에서 만난 어머니가 너무 반가워 용돈을 드렸는데, 하필 이십만 원이라니. 하지만 어쩌랴. 이제는 결코 되돌릴 수 없는 것을.

넉넉한 자식의 마음

나이가 들어 노년이 될수록 정서적으로 자식들에게 많이 의존하게 된다. 아직도 일을 하고 사회활동이나 봉사 활동을 열심히 하는 노인이라 할지라도 시간만 나면 추억에 젖고 자식들 얼굴이 보고 싶어지는 게 인지상정이다.

여건상 부모를 자주 볼 수 없다 하더라도 정기적으로 생활비와 용돈을 드리면, 이를 통해 부모는 자식들의 사랑과 따뜻한

가족이라는 착각

마음을 전달받을 수 있나. 인생 경험으로 돈 가는 데 마음 간다는 이치를 알기 때문이다. 경제적으로 여력이 없는 부모라면 더욱 그렇다. 액수가 문제가 아니다. 부모를 챙기는 자식들의 마음을 전달받음으로써 노인들은 힘이 나고 삶의 에너지가 솟는다. 정기적으로 생활비와 용돈을 보내드리는 일은 부모님의 노년 건강, 특히 정신건강을 돌봐드리는 일이기도 하다.

경제가 여유롭지 않다면 우리의 마음만은 좀 더 넉넉해졌으면 좋겠다. 장성한 자식이라면 연로한 부모님께 전화 한 번이라도 더 드리고, 한 번이라도 더 찾아뵈면 좋을 것이다.

4장

가족은 '새롭게' 봐야 회복된다

부모와 자식의 관계 회복을 위한 과정

우리는 태어날 때 이미 선함과 강함, 현명함을 갖고 태어났다.
다만 어렸을 때 부모가 우리에게 주었던 왜곡된 메시지 때문에
그러한 능력과 단절되었을 뿐이다.

- 비벌리 엔젤Beverly Engel

아버지는
그때
어디 계셨어요?

부성의 회복

어머니의 주의력은 내 가녀린 기척도 곧장 알아챌 만큼 언제나 예민했다. 선하품을 거푸 하며 바느질로 밤을 지새우는 때가 아니라 할지라도, 어머니의 귀는 언제나 문밖 어딘가를 맴돌고 있는 것 같았다. 원하건대, 제 발로 돌아와 어머니의 자존심에 더 이상의 상처는 주지 않을 아버지를 기다리고 있었기 때문에 내 미세한 기척도 눈치챌 수 있었을 것이었다. 어머니는 떠나가 버린 아버지를 기다리고 있었고, 나는 보이지 않는 아버지를 기다리고 있었다. 어머니는 당신만 간직하기 위해 아버지의 추억을 내게 말하지 않았고, 나는 그런 어머니를 알지 못했기 때문에 나 혼자만의 아버지를 추억하려 애썼다.

김주영 소설 《홍어》의 한 단락이다. 《홍어》는 외진 산골 마을에서 삯바느질로 연명하는 젊은 어머니와 어린 아들의 이야기를 다룬다. 화자인 세영이 열 살 되던 해에 아버지는 집을 떠나 돌아오지 않는다. 세영이네 부엌 문설주에는 너부죽하게 꿰어 연기와 그을음을 뒤집어쓴 홍어포 한 마리가 매달려 있다. 홍어는 한량으로 빈둥거리다가 유부녀와 바람을 피운 뒤 처자식을 버린 아버지를 상징하는 물건이다. 서정적인 묘사가 한 폭의 수묵화처럼 아름다운 소설이지만, 내용은 해체된 가족 구성원들이 느끼는 깊은 상처와 상실감을 다뤄 한없이 무겁기만 하다.

한국 문학을 대표하는 많은 소설을 관통하는 하나의 큰 줄기는 '아버지의 부재'다. 한국 문학에는 이상하리만치 아버지가 없거나 있어도 주변을 맴도는 대상으로 존재한다. 왜 '아버지 부재'가 한국 문학을 특징짓는 모티브가 되었을까?

아버지가 없는 소설을 주로 써 온 작가 김주영은 그 이유를 이렇게 설명했다.

"사람들은 왜 당신 소설에는 아버지 이야기가 없냐고 늘 묻곤 했죠. (중략) 제가 작품 속에서 아버지 이야기를 자주 못 했던 것은 어릴 때 아버지랑 너무 오래 떨어져 있어서 아버지에 대한 지식도 없었고, 아버지에 대해서 쓰기가 두렵고 익숙하지 않았기 때문이죠."

한국 문학에 아버지 부재가 나타나는 현상은 작가들의 실제 경험이 소설에 투영됐기 때문이다. 작가들이 겪었던 유년의 삶 속에서 아버지는 아예 없거나 집을 나갔거나 가족에 대한 책무를 방기하거나 투전판을 전전하면서 폭언과 폭력을 일삼는 존재였다.

아버지 부재 현상은 가정 안에서 아버지가 사라진 현실을 나타내기도 하지만, 아버지로 상징되는 가부장적 질서, 가치 체계, 전통이나 권위 등의 상실을 의미하기도 한다.

○○●

아버지를 볼 수 없었던 과거

아버지가 없는 자리를 지키는 사람은 언제나 어머니다. 어머니는 홀로 모진 고난을 헤치며 묵묵히 생계를 책임지고 자식들을 건사한다. 이 또한 문학에 그대로 반영된다. 아버지 부재가 한국 문학의 한 축이라면 다른 한 축은 어머니 희생이다. 어머니는 열혈전사로 묘사되며 어머니의 삶은 늘 눈물겹다. 어머니의 위대한 모성애는 한국 문학을 가로지르는 도도한 강줄기

와 같다. 좋든 싫든 부성애와 모성애의 판이한 양면성이 한국
문학의 자양분이 되었다.

우리의 삶도 이와 별반 다르지 않다. 늘어나는 이혼율, 감소
하는 혼인율과 출산율, 심각해지는 청소년 문제, 역기능적인
가정의 폐해 등에는 가정의 중심인 부모가 제 역할을 다하지
못해 벌어진다. 그중에서도 아버지가 아버지로서의 책임과 의
무를 다하지 못한 이유가 가장 크다.

예전의 아버지들은 바깥일로 바빴다. 집안일은 항상 어머니
몫이었다. 그래서 남편을 '바깥양반', 아내를 '안사람'이라고 불
렀다. 1960~1970년대 아버지들은 돈을 벌기 위해 중동, 미국,
일본을 떠돌았다. 1980~1990년대 아버지들도 직장에 청춘을
바치며 야근과 특근을 마다하지 않았다.

아버지는 밖에서 돈을 버는 사람이었다. 해가 뜨면 집을 나
갔고, 해가 지면 집으로 들어왔다. 아이들 곁은 늘 어머니가 지
켰다. 요즘은 세상이 달라져 여성들의 사회 진출이 활발하고,
맞벌이가 대세로 자리 잡고, 가사나 육아를 부부가 공동으로
분담하는 시대가 되었으나, 아직도 기본적 전통과 질서는 완전
히 바뀌지 않았다.

젊었을 때 일터에 뼈를 묻을 각오로 새벽부터 밤중까지 일만
하던 아버지들은 이제 나이가 들어 은퇴했고, 자녀들에게 괄시

를 받거나 징성힌 지녀들과익 소통에 어려움을 겪는 경우가 많다. 자녀들은 어릴 때부터 어머니와 소통했고, 육아와 교육은 어머니만 맡아왔기 때문이다. 자녀들이 어머니와 함께 있을 때는 편안하게 온갖 이야기를 주고받다가도 아버지가 등장하면 대화가 중단된 채 침묵이 흐른다. 아버지와 대화를 거의 안 한다. 아주 어색하고 거북살스러운 정적만이 주위를 감쌀 뿐이다. 아버지들은 젊었을 때는 집에 없었지만, 나이 들어 노인이 되면 집에 버젓이 있어도 없는 사람이나 다름없다. 그렇게 아버지 부재가 이어진다. 현실이 이렇다.

하지만 부모와 자식 사이의 친밀감은 하루아침에 형성되지 않는다. 자녀들이 아버지를 가장 필요로 하는 시기에 자녀들과 함께하지 못한 시간은 되돌릴 수 없다. 아버지가 이제와서 자녀에게 친밀감을 요구한다면, 자녀들은 이렇게 물을 것이다. "아버지는 그때 어디 계셨어요?"

○○●
결핍이 낳은 죽은 아버지 증후군

아동심리학이나 정신분석학 등에 따르면 아버지의 존재를 가장 강력히 인식할 때는 아이들이 또래 친구들과 관계를 맺기

전인 2~6세 무렵이다. 어렸을 때 아버지로부터 사랑받지 못한 채 자란 자녀들, 즉 제대로 된 부성애를 체험하지 못한 아이들은 보이지 않는 상처와 상실감을 안고 산다. 그들이 어른이 되어 가정을 이루었을 때 자신 또한 어린 시절과 같은 역기능적 가정을 만들 확률이 높다. 잘못된 가정의 모습이 구조적으로 세습되고, 재생산된다.

어머니가 아무리 잘해도 아버지 부재는 아이들에게 결핍으로 남는다. '애정 결핍'은 공식적인 의학 용어는 아니지만, 다른 사람에게서 마땅히 받아야 할 애정을 받지 못했을 때 느끼는 불편하고 불안한 심리 상태를 가리킨다.

어린 시절 아버지에게서 따뜻한 사랑과 관심을 받지 못하고 자란 아이는 어른이 되어서도 자신을 향한 다른 사람의 관심이나 사랑에 어떻게 대처해야 할지 몰라 당황하거나 무관심할 수 있다. 예기치 못한 관심이나 사랑을 접하게 되었을 때 어색함을 느끼고 심지어는 두려워하거나 거부하는 일까지 벌어진다. 때로는 일상생활에 지장을 주는 성격장애나 다른 질병으로 발전하기도 한다.

미국 뉴욕대 심리학과 폴 비츠Paul Vitz 교수는 《무신론의 심리학》이라는 책에서 아버지 부재, 무기력, 죽음, 학대 등에서 유발된 트라우마와 결핍이 무신론의 한 원인으로 작용했다고 주상했다. '신은 죽었다'고 선포한 프리드리히 니체를 비롯해서 데이비드 흄, 버트런드 러셀, 장 폴 사르트르, 알베르 카뮈, 아르투르 쇼펜하우어 등은 모두 아버지를 일찍 여읜 '죽은 아버지 증후군Dead Father Syndrome'에 속한 인물들이었다.

토머스 홉스, 볼테르, 루드비히 포이어바흐, 지그문트 프로이트 등은 '유약하고 학대하는 아버지'에게서 자란 인물들이었다. 폴 비츠 교수에 따르면 이들은 어린 시절에 경험한 아버지 부재 또는 아버지로부터 상처와 상실감을 겪고, 아버지로 상징되는 절대적 존재나 신적 권위에 거부와 부인으로 귀결되었다고 한다.

가정의 의미가 많이 변해도 아직까지 가정은 사회의 최소 단위이며 개인이 삶을 영위하고 유지하는 기초 공간이다. 여전히 가정에서 일어나는 여러 병리 현상에 아버지의 책임이 크고, 그 역할은 중요하다.

가정의 회복을 위해서는 아버지가 스스로 주어진 책임과 의무를 다해야 한다. 아버지는 돈만 버는 존재가 아니다. 자녀들과 함께 시간을 보내고 대화하며 눈높이를 맞추고 추억을 공유하는 존재다. 그럴 때 가정이 건강해지고, 부부관계도 회복되며, 아버지와 자녀들 간에 소통이 원활해진다.

이미 자녀들이 다 장성해 부모 품을 떠났고 자신은 노인이 되어 젊은 시절로 돌아갈 수가 없다면 어떻게 하면 좋을까? 여전히 방법은 하나다. 먼저 다가가면 된다. 장성한 자녀, 결혼해서 따로 살고 있는 자녀라 하더라도 전화나 문자로 아버지의 속내를 비치면 된다. 이렇게 말이다.

"사랑하는 아들아, 내가 직장에 매여 어렸을 때 너하고 많이 못 놀아 주고, 시간을 같이 하지 못해 참 미안하고 아쉽다. 내 속마음은 그렇지 않았어. 아버지가 많이 사랑한다."

"우리 딸, 요즘 많이 바쁘니? 언제 시간 내서 잠깐 들러라. 내가 네 회사 근처로 가도 되고. 둘이서 소주 한 잔 마시자. 그냥 너 어렸을 때 어땠는지 이야기 좀 하고 싶네. 말을 안 해서 그렇지 아빠가 우리 딸 많이 사랑해."

젊으나 늙으나 사랑은 언제나 내리사랑이다. 이런 전화나 문자를 받고 외면할 자식은 없다. 젊었을 때 바빠서, 밖으로 도느라 아이들에게 못다 한 사랑과 관심, 늦었지만 이제라도 하면 된다. 느리더라도 관계가 회복되고, 아버지의 자리가 또렷한 모습으로 자리하게 될 것이다. 아버지 부재를 지우는 길은 아버지의 존재를 드러내는 방법뿐이다.

자녀들 역시 아버지를 이해하려는 노력이 필요하다. 늙은 아버지를 대하는 태도나 언행은 내 자식들에게 그대로 학습된다. 아버지 부재의 대물림을 당대에 끝내려면 내가 애쓰는 수밖에 없다. 아버지가 자신에게 끼친 영향력을 부인하면 안 되지만 그렇다고 아버지를 비난하지도 말아야 한다.

어쩌면 자괴감과 죄책감을 느끼고 있을 아버지를 향해 자식이 먼저 따뜻한 손을 내민다면 아버지는 기쁨의 눈물을 흘리며 그 손을 맞잡을지도 모른다. 천륜의 회복보다 더 중요한 것이 어디 있겠는가.

한 번 날아간 새는 돌아오지 않는다

빈 둥지 증후군

우울증으로 내원한 중년 여성을 상담 치료를 하다 보면, 중년 여성은 본인 이야기는 별로 안 하고 자녀와 남편 이야기를 주로 많이 한다. 자신이 힘들어서 치료받기 위해 찾아왔는데, 마치 안이 텅 빈 사람처럼 왜 자기 이야기가 없을까? 이런 여성은 대개 '빈 둥지 증후군Empty Nest Syndrome'일 가능성이 크다.

빈 둥지 증후군이란 어미가 물어다 준 먹이를 먹고 자란 새끼들이 스스로 둥지를 벗어난 뒤 텅 빈 둥지 안에 홀로 남겨진 어미 새가 느끼는 허전함과 공허함을 사람에게 빗댄 심리학 용어다. 어리게만 여겼던 자녀들이 훌쩍 성장해서 대학을 가거나 군대에 갔을 때, 취직이나 결혼으로 독립하게 되었을 때 부모가 느끼는 쓸쓸한 감정을 가리킨다. 특히 남성보다는 양육

가족이라는 착각

사 역할을 거의 전담했던 여성에게서 더 두드러지게 나타난다. 중년 여성의 위기인 셈이다.

빈 둥지 증후군을 '폐경기 증후군'이라고도 부르는데, 이유는 폐경기를 전후로 호르몬 변화를 겪는 중년 여성에게 많이 나타나는 증상이기 때문이다. 이런 증후군 자체가 질병은 아니지만, 오래 지속될 경우 심한 우울증으로 발전할 수 있다. 세계보건기구WHO에서도 빈 둥지 증후군으로 인한 우울증이 인류를 괴롭힐 세계 2위의 질병이 된다고 예측한 바 있다.

○○●

세상의 중심이 나에게 없을 때

서양의 가정은 대체로 부부 중심이지만, 우리나라의 가정은 다분히 자녀 중심이다. 부부는 결혼해서 아기를 가지면 거의 모든 기준을 아기 중심으로 바꾼다. 달콤한 신혼생활, 진정한 허니문은 둘이 살 때뿐이다.

예전처럼 자녀가 많던 시절에는 자녀가 재산이고 미덕이었다. 워낙 자식이 여럿이다 보니 한 명, 한 명 일일이 신경 쓰기 어려웠다. 요즘은 외동 아이가 흔하고 자식은 많아야 두어 명 정도이니 어느 집을 가나 아이가 상전이다. 밥상도 아이 중심으로 차리고, 가구도 아이 중심으로 배치하며, 소비도 아이 중심으로 이루어진다. 이사도 아이 학교를 고려해야 하고, 이왕이면 학군이 좋은 동네로 정한다.

모성애는 자녀가 학업을 할 때, 더욱 심해진다. 새벽같이 일어나 더 자겠다는 아이를 깨우고, 밥상을 차려놓고 한 숟가락이라도 더 먹고 가라고 채근한다. 지금은 학교에서 급식을 주니까 도시락을 싸지 않아도 되지만, 얼마 전까지만 해도 성장에 좋은 영양가 높은 식단으로 정성껏 싼 도시락을 챙기고 나서야 매일 치르는 등교 전쟁이 끝났다. 그리고 엄마들은 남편 출근 준비까지 거들고 아이와 남편이 집을 나서기 전 어질러놓은 것을 치우고, 청소를 마친 뒤에야 겨우 한숨 돌린다.

오후에는 아이가 학원에 잘 갔는지 확인하고, 세상이 워낙 험하다 보니 위험한 일을 당하지 않는지 자녀 안심 앱 등을 수시로 들여다봐야 한다. 다른 아이에 비해 우리 아이가 성적이 뒤떨어지지는 않는지, 어떤 과목을 더 집중적으로 공부해야 좋을지, 좋은 대학에 무난히 합격하려면 어떤 준비를 더해야 할지 고민한다. 아이가 혹시 과학이나 어학, 예체능 등에 남다른 자질이 있는지 살펴서 챙겨야 할 사항이 한두 가지가 아니다. 아이가 무사히 집에 돌아와 저녁을 먹고 공부하다가 잠자리에 들기까지 단 한시도 긴장을 놓지 않는다.

대다수 엄마들은 기꺼이 자녀 입시 전쟁의 총사령관 역할을 떠맡는다. 그러다 아이가 고3이 되면 하루하루 살얼음판을 걷는 기분으로 살아야 한다. 입시를 치르는 아이보다 엄마가 스트레스를 더 많이 받는다고 해도 과언이 아니다. 혹시나 아이가 원하는 대학에 들어가지 못하면 엄마가 게을러서 아이 뒷바라지를 제대로 하지 못한 탓이라고 여길까 봐 노심초사한다. 최근에는 대학생 자녀의 학업이나 군대 간 아들의 병영 생활, 심지어 직장 다니는 자녀의 회사 생활까지 일일이 챙기고 뒤치다꺼리하는 엄마들도 있다고 한다.

맞벌이를 하거나 자영업을 한다면, 업무만 해도 할 일이 태산인데 가사와 양육 부담까지 떠맡아야 하니 고충과 애로가 이만저만 아니다. 가사와 양육을 아빠와 엄마가 분담해서 하더라도 현실적으로 상당 부분 엄마에게 비중이 더 많이 가기 때문에 여성은 그야말로 슈퍼우먼이 되어야만 한다.

이렇게 자식만 바라보고 살아온 어느 날, 하나뿐인 아들과 딸이 독립하겠다고 둥지를 떠난다. 자식이 성인이 되었으니 자기 인생은 당연히 알아서 살고, 결혼하고 마땅히 자신의 가정을 꾸림이 당연하지만, 어쩐 일인지 엄마의 마음은 섭섭하고 허전하고 뭉클하다. 가슴 한쪽이 뻥 뚫린 것 같다. 집 안이 텅텅 빈 듯하다.

새벽에 일어나 깨울 자식도, 서둘러 밥을 챙겨 먹일 자식도,

도시락을 싸서 들려 줄 자식도, 잔소리를 할 자식도 없다. 자신의 인생 전체가 부정당하는 듯한 기분이 든다. 내가 지금까지 뭘 하면서 살아온 걸까, 허무하고 허망하다는 생각이 든다. 우울하고 불안한 감정이 밀물처럼 몰려온다.

이런 증상이 바로 빈 둥지 증후군이다. 빈 둥지 증후군을 겪으면 새벽밥을 할 일도 없는데 일찍 잠이 깨고, 기분이 점점 침체되며, 통 밥맛이 없고 체중이 준다. 결혼생활이 만족스럽지 않았거나, 자식에게 과도한 기대와 희망을 가졌거나, 나이가 든다는 사실을 수용하는 데 어려움을 느끼는 성격일수록 빈 둥지 증후군을 경험할 가능성이 높다.

직장에서 퇴직한 무기력해 보이는 남편은 아내의 빈 둥지 증후군을 더 악화시킨다. 어디에도 기댈 데가 없는 것이다. 어머니로서도, 아내로서도 더 이상 자신의 역할이 없다고 느낀다. 배우자 중 어느 한쪽이 먼저 세상을 떠난 경우, 홀로 남겨진 아버지나 어머니는 빈 둥지에서 느끼는 상실감이 더하다.

자녀를 날려 보내는 일

빈 둥지 증후군 증상을 최소화하려면 어떻게 해야 좋을까?

제일 중요한 것은 가성에 대한 개념을 재정립하는 일이다. 결혼할 때부터 남편과 아내 두 사람이 함께 가정의 중심은 부부라는 사실을 제대로 인식해야 한다. 부모로서 아이를 낳아 최선을 다해 양육하는 일은 지극히 당연하다. 하지만 자녀는 자녀고, 부부는 부부다.

예전에 텔레비전 예능 프로그램에서 어떤 외국인 부부가 자녀와 함께 여행하는 장면을 봤다. 낯선 곳에서 하룻밤 머무는 여행이었지만, 부부는 어린아이들을 자신들의 영역과 정확히 분리해서 행동했다. 아이들을 달래면서 같이 자지 않고 따로 자게 했다.

더 흥미로운 사건은 식사 시간에 벌어졌다. 서로 다른 메뉴를 시켰기에 앞에 놓인 음식이 각각 달랐다. 딸이 식사 도중 엄마 아빠의 접시를 힐끗 쳐다보고 엄마에게 정중하게 물었다.

"엄마, 나 엄마 거 좀 먹어도 돼요?"

"안 돼. 너는 네 음식이 있잖아. 네 걸 먹어야지. 이건 엄마 거야."

딸아이는 엄마 말을 듣고 조용히 자기 음식만 먹었다.

그렇다고 이 외국인 부모 자식 간에 사랑이 없을까? 아니다. 그들의 사고방식에는 한 둥지에서 정을 나누며 사는 가족이지만, 각자의 삶이 있고, 부부의 영역과 자녀의 영역이 따로 있다. 이런 사고방식을 가지고 살면 자녀가 어른이 되어 독립하는 일은 자연스럽게 받아들이고, 이로 인한 상실감이나 고독감은 많이 줄어들 것이다. 자녀가 장성해서 독립한 뒤에 부부가 어떤 인생을 보낼지, 무엇을 하면서 살지, 어디에 가치를 두고 어떤 목표로 살아갈지에 대해 틈틈이 고민하면서 서로의 생각을 나누고 지향점을 찾는 관계가 건강하다.

그다음에는 자식의 성취와 성공에만 전념하지 말고 자신과 배우자의 성취와 성공을 위해 더 노력하는 삶을 살아야 한다. 부부가 함께할 수 있는 취미 활동과 봉사 활동, 운동이나 레저가 있으면 좋다.

자녀가 성인이 되면 내 마음속에서 놓아 줘야 한다. 자식들이 날아갔다고 생각하지 말고 내가 날려 보냈다고 생각해야 한다. 부모는 자식이 스스로 날아갈 수 있도록 훈련시키는 역할을 하는 사람이다. 자식을 혼자 살아갈 수 있을 만큼 키우고 공부시켰으면 제힘으로 살아가게 돼야 한다. 부모가 자녀 결혼 비용까지 다 대주고, 집까지 사 주는 것도 모자라 손주들 돌보는 일을 떠맡고, 얼마 되지 않는 재산이나 노후 자금까지 자녀 사업자금으로 털어 넣는 일은 삼가야 한다.

부부 문제 전문가로 책도 여러 권 쓰고 강의도 많이 다니는 유명 강사 한 분이 했던 말이 생각난다. 그는 아들 결혼식을 치르고 집으로 오는 차 안에서 아내에게 이렇게 말했다고 한다.

"여보, 이제부터 우리한테 이 둘이 있었다는 생각을 아예 지워버립시다."

자식에게 향했던 시선을 배우자로 옮겨야 함을 시사하는 말이다.

둥지를 떠난 자녀들 입장에서는 어떨까? 부모의 허전한 마음을 달래기 위해 떠나온 둥지로 다시 날아갈 수는 없다. 한 번 떠나온 둥지는 내 둥지가 아니다. 그러나 자녀를 독립시키고 나서 쓸쓸하고 적적해 할 부모의 심정을 이해해야 한다.

서로의 둥지가 달라졌지만, 여전히 가족이며 사랑하는 부모 자식 사이임을 확인시켜 주는 것이다. 손주가 있다면 손주 얼굴을 더 자주 보여 준다. 나이 든 부모의 눈동자 속에서 지나온 삶의 고된 흔적을 느끼고, 마음을 쓰는 자식이라면 부모 입장에서는 더할 나위 없이 좋을 것이다.

진짜
하고 싶은
말은 무엇일까

칵테일 파티 효과

"일찍 좀 들어와라. 허구한 날 늦게 들어오면 되겠니?"

"아이, 또 잔소리. 그만 좀 해."

엄마의 말을 잔소리로 받아들인 딸이 방문을 쾅 닫고 제 방으로 쏙 들어가 버린다. 엄마와 딸의 대화는 중단된다. 엄마는 딸과 대화를 하고 싶어 말을 건넸지만 이해하지 못한 딸은 엄마의 말을 차단했다.

"아버지, 잡수시고 싶은 것 말씀하시면 사 갈게요."

"올 것 없다. 길도 많이 막힐 텐데, 명절 때나 오려면 오든가……."

아들은 아버지가 오지 말라고 하는 바람에 길을 나서지 않았다. 전화를 끊은 아버지는 손주들이 눈에 밟혀 일손이 잡히지

가족이라는 착각

않았다. 아버지는 아들이 온다니 너무 반가웠지만 고생스러울까 봐 한마디 했는데, 아들이 바로 오지 않을 줄 몰랐다.

말은 생각이고 마음이며 관계다. 보이지 않는 생각은 말로써 표현되고 볼 수 없는 마음은 말을 통해 확인된다. 말은 사람 사이의 관계를 풀기도 하고 악화시키기도 한다.

그런데 말로 자기 생각을 표현하고 마음을 드러내며 관계를 잘 유지해 나가기란 쉽지 않다. 거꾸로 상대방의 말을 듣고 그 사람의 생각을 이해하고 마음을 읽으며 관계를 좋은 방향으로 이끌어가기도 간단치가 않다. 말을 제대로 하지 못하고 듣지 못하면 말 때문에 괜한 오해가 생기고 시비가 붙고 관계가 틀어진다. 말은 하면 할수록 어렵고 조심스럽다.

무심코 툭 뱉은 말 한마디가 부모와 자식의 마음에 씻을 수 없는 상처를 낸다. 피를 나눈 사이니까 어련히 이심전심이 통하리라는 마음은 버리는 게 좋다. 오히려 부모와 자식 간에는 전혀 말이 통하지 않고, 무조건 제 말만 하다가 포기하고, 아무 생각 없이 내지른 말이 가슴에 비수처럼 박히는 경우가 비일비재하다.

이는 서로 사용하는 언어가 다르기 때문이다. 살아온 세대가 다르고 경험이 다르고 문화가 다르다 보니, 같은 한국말을 사용하고 있음에도 때로는 해석이 필요할 때가 있다.

말에 담긴 마음을 읽어야 진짜 대화

영숙 씨는 요즘 고민이 이만저만 아니다. 홀로 아들 둘을 키우며 살았지만, 장성한 아들들이 분가한 후 혼자가 되었다. 큰아들 살림살이는 넉넉하지 않았고, 작은아들 역시 최근에 직장을 옮겨 힘든 눈치였다. 노령연금에 아들들이 주는 용돈으로는 생활하기 빠듯해서 집 근처에 건물 청소하는 일을 나가게 되었다. 그런데 일하다 계단에서 넘어지는 바람에 다리를 다치고 말았다. 설상가상으로 치료비까지 많이 들었다. 할 수 없이 큰아들에게 전화를 걸었다.

"저기…… 내가 요즘 다리가 좀……."

"노인들 다리 아픈 게 당연하죠. 어디 돌아다니지 마세요."

큰아들은 어머니 사정은 듣는 둥 마는 둥 하더니 자기 말만 늘어놓았다. 일이 여의치 않아 살기가 너무 힘들다고 하소연했다. 영숙 씨는 돈 이야기는커녕 다리 아프다는 말은 꺼내지도 못했다. 게다가 아들 생각에 불쑥 안 해도 될 말까지 했다.

"너 사는 게 정 힘들면 당분간 용돈 보내지 마라."

"정말요? 그래도 돼요? 형편 나아지면 다시 드릴게요."

큰아들은 다른 이야기는 듣지도 않더니 용돈 안 보내도 된다는 소리를 듣고는 반색을 했다. 엎질러진 물이었다.

영숙 씨는 이번에 작은아들에게 전화했다. 다른 소리는 일절 안 하고 다리를 다쳤다는 말과 용돈 좀 올려달라는 말만 하고 끊으려 했다. 하지만 작은아들도 요즘 어렵다는 이야기부터 먼저 꺼냈다. 옮긴 직장에서 일도 힘들고 대인관계도 너무 어려워 다 때려치우고 장사나 했으면 좋겠다는 넋두리였다. 그러면서 전화기에 대고 이렇게 말했다.

"그렇지 않아도 전화드리려 했는데…… 제가 너무 어려워서 얼마간 용돈을 못 드릴 것 같아요. 죄송하지만 조금만 참아주세요. 어디 안 나가면 돈 쓸 일도 없잖아요?"

아들이 대놓고 말하는데, 안 된다고 할 수가 없었다. 이번에도 영숙 씨는 그렇게 하라고 말하고 전화를 끊었다. 눈앞이 캄캄했다. 다리를 다쳐 일도 못 나가는데, 아들들 용돈까지 끊긴 것이다. 영숙 씨는 아들들에게 다시 전화해서 얼굴을 붉히는 한이 있어도 용돈을 받아낼지 아니면 아픈 다리를 끌고 다시 일을 나가야 할지 고민이 태산이다.

사람은 누구나 자기가 듣고 싶어 하는 말만 듣는다. 이런 심리를 '칵테일 파티 효과 Cocktail Party Effect'라고 한다. 파티 참석자들이 시끄러운 주변 소음에 대화 상대방의 이야기를 선택적으로 받아들이는 현상을 가리키는 말이다. 그러나 아무리 실내가 소란스러워도 내가 주목하는 사람의 이야기에는 고도의 집중력을 발휘하므로 무슨 이야기인지 알아들을 수 있다.

이처럼 자신에게 의미 있는 정보만 선택적으로 받아들이는 것을 '선택적 지각Selective Perception' 또는 '자기 관련 효과Self-Referential Effect'라고도 한다. 듣고 싶은 말만 골라서 듣는 심리다.

아이들이 어릴 때는 아이와 부모 모두 서로에게 집중한다. 아이는 아무리 사람이 많아도 엄마 아빠 목소리를 잘 듣는다. 엄마 아빠 역시 무수한 아이들 속에서 내 아이의 목소리를 용케 찾아 듣는다. 주변의 숱한 소음 속에서도 오직 내 아이와 내 부모에게만 집중하기에 가능한 일이다.

그런데 아이가 자라고 부모도 나이가 들면서 서로에게 집중하지 않는다. 아이는 부모에게 집중하지 않아도 신경 쓸 사항이 너무 많고 집중할 것이 너무 많다. 부모 또한 아이가 독립하면서 아이에게 소홀해진다. 그때부터 대화가 겉돈다. 발화되는 말보다 말 속에 담긴 마음을 들여다보고 읽어야 하는데, 말조차 잘 듣지 않으니 마음을 읽을 도리가 없다. 대화가 잘되지 않을 때 사람은 자기가 편리한 대로 상대의 말을 받아들이듯 듣고 싶은 말만 듣게 된다.

영숙 씨의 두 아들은 어머니에게 집중하지 않았다. 어머니의 다리가 아프다는 사실도 어머니의 생활비가 부족하다는 사실도 주목하지 않았다. 자신들이 보내는 용돈을 그만 보내도 좋

가족이라는 착각

다는 말에만 집중했다. 많은 대화 내용 중 그 부분만 의미 있게 들은 것이다.

　말이 오가야 대화라고 하지만, 그 말에 담긴 마음을 읽어야 진짜 대화가 이뤄진다. 마음을 읽기 위해서는 상대방에게 집중하고 주의를 기울여야 한다. 그렇지 않으면 무수히 많은 말이 오가더라도 내가 듣고 싶은 말만 듣고, 내가 듣고 싶은 대로 들으며, 내가 하고 싶은 말만 하고 끝난다. 부모와 자식 간에 대화가 안 되면 마음의 장벽만 점점 쌓여갈 것이다.

자식도
부모를
독립시켜야 한다

— 존중

연호 씨는 베이비부머다. 대학에서 경제학을 전공하고 졸업 후 은행에 입사해 30년 넘게 일하다 얼마 전 정년퇴직을 했다. 이름난 은행에서 이사까지 승진한 뒤, 정년을 채우고 퇴직했으니 나름대로 괜찮은 인생이었다. 모아둔 돈에 퇴직금까지 합하면 부부가 남은 인생 먹고사는 데 지장이 없었다. 아들 하나 딸 하나 자식이 둘이지만, 대학 졸업하고 취직해서 자기 앞가림을 해서 걱정이 없었다. 아들은 결혼해서 분가했고, 딸은 데리고 사는 중이었다.

은퇴하고 나서 얼마간은 아내와 함께 여기저기 여행을 다녔다. 일평생 직장에 매여 고생한 자신에게 나름대로 보상을 해주고 싶었다. 친구들도 자주 만나 옛날이야기를 나누며 술잔을 기울였다. 그렇게 몇 달을 살다 보니 돈도 많이 쓰는 데다 무료하기 이를 데 없었다.

"여보, 우리가 이런 식으로 살면 80세까지 산다고 했을 때, 경제적으로 문제가 없을까?"

"우리 둘이 사는 데는 문제가 없겠지만, 딸애 시집갈 때 결혼 비용과 혼수가 문제지요."

아들은 자신이 현직에 있을 때 결혼했기에 축의금도 많이 들어왔고, 어려움 없이 대출을 받아 신혼집을 마련해 줬다. 그러나 딸이 결혼할 때면 자신은 퇴직한 데다 대출을 받을 수도 없으니 돈이 부족할 수밖에 없었다. 연호 씨는 아직 아픈 데도 없으니 일할 만한 적당한 곳이 있으면 재취업해서 다시 일해야겠다고 마음먹었다.

재취업의 문은 정말 좁았다. 은행에서 이사로 근무할 때처럼 근사한 일을 할 수 있으리라고는 기대하지 않았으나, 자신의 학력이나 경력을 인정받을 수 있는 일자리는 눈을 씻고 찾아봐도 없었다. 그중 아파트 경비원 자리가 제일 나았다. 서류 심사와 면접에서 몇 번 떨어진 뒤 어렵사리 버스를 타고 10분가량 가면 나오는 아파트 경비원 자리를 얻었다. 이틀 일하고 하루 쉬면서 한 달을 일하면 200만 원가량 월급이 나왔다.

어느 날, 딸이 눈치를 챘는지 연호 씨에게 물었다.

"아버지, 요즘 어디 일 나가세요?"

그는 아직 건강에 문제가 없고 일도 할 만하다며 딸에게 걱정하지 말라고 했다. 그렇지만 딸은 일을 그만뒀으면 좋겠다고 말했다.

다음날 밤늦게 아들 부부가 찾아왔다. 표정이 좋지 않은 아들이 정색하고 이야기했다.

"아버지, 평생 고생하셨는데, 이제 좀 쉬세요. 아파트 경비원이 뭡니까? 생활비 걱정할 정도 아니잖아요. 저희가 이제부터 매달 용돈 챙겨 드릴게요. 제발 아무 일도 하지 마세요."

처음에는 자녀들이 아버지를 위하는 마음으로 그런가 보다 생각했다. 그런데 점점 아닌 듯한 느낌이 들었다. 자녀들은 은행장까지 지낸 아버지가 근처 아파트에서 경비원으로 일해서 창피해 했다. 대기업에 다니는 자기들 위신이 깎일까 봐 염려한 것이었다. 연호 씨는 자녀들 생각을 알고 나니 참담한 기분이 들었다.

자랑스러운 아버지까지는 못 되더라도 부끄러운 아버지는 아니라고 생각했는데, 연호 씨는 시름이 깊어졌다. 어렵게 구한 경비 일을 계속하면서 노후를 착실히 준비하면 좋을지, 아니면 자식들 뜻에 따라 일을 그만두어야 할지 판단하기가 매우 어려웠다.

○○●

은퇴가 연장되는 시대가 왔다

2021년부터 50~60대 인구가 처음으로 30~40대 인구를 앞지르기 시작했다. 한국고용정보원이 발간한 '신중년 경력설계 안내서'에 따르면 2021년 국내 인구 중 50~69세 비율이 30퍼센트에 이르는 것으로 나타났다. 핵심 노동인구인 30~49세의 내년도 인구 비중은 29.4퍼센트로 전망됐다. 국내 노동시장은 이미 50~60대 중심으로 재편됐다. 지난해 50대 이상 취업자 수는 1,114만 5,000명에 달했다. 2010년에 비해 361만 7,000명이 증가한 것이다.

50~60대는 일을 계속하겠다는 의지가 강하다. 한국고용정보원 자료에 따르면 55~69세 가운데 '앞으로 계속 일하고 싶다'는 사람이 전체의 72.5퍼센트에 달했다. 이들은 평균 71세까지 계속 일하기를 희망했다. 노후 준비를 위해서는 물론, 은퇴 후 정신건강을 위해서도 자신의 능력과 상황에 맞는 일자리는 필수적이다. 70대 이후 건강에 문제가 생기면 할 수 없겠지만, 건강에 이상이 없는 50~60대라면 일하는 것 자체가 행복이다. 경제적으로 여유가 있다면 꼭 돈 버는 일이 아니라도 사회공헌을 위한 일이나 봉사를 하면 정신건강에도 좋다.

일하는 노년을 위해 한국고용정보원은 다섯 가지 준비 사항을 소개했다.

첫 번째는 은퇴 후의 변화에 대비하는 것이다. 퇴직 이후 노년은 지위, 생활 리듬, 소비 수준, 가정 내 역할, 체력 등 다섯 가지 변화를 겪는다. 명함과 직함 등 직위가 없어지므로 퇴직 후 봉사단체 등 사회 연결고리를 만드는 노력이 필요하다. 하루의 새로운 생활 리듬을 만들어야 한다. 정기적인 소득이 없어지므로 소비 수준도 바꿀 필요가 있으며, 100세 시대를 대비한 새로운 가정 내 역할 분담, 규칙적인 운동 등의 체력 관리도 필요하다.

두 번째는 나다운 삶을 위한 직업 선택하기다. 중후반기 삶에서 직업은 생계 수단 또는 사회공헌 등 여러 가지 의미로 노년에게 중요한 의미를 지니므로 신중하게 직업을 선택해야 한다. 정부에서 추진하는 '신중년 3모작 패키지' 사업이나 정부 구직 지원 프로그램, 워크넷이나 나라 일터 등 취업 정보 사이트를 활용하는 것도 좋다.

세 번째는 경제적으로 탄탄히 준비한다. 가정에서의 지출 중 낭비적 요인을 제거하며, 자식들에 대한 증여나 상속 등 중장기적 자산변화 계획을 수립하고, 가족 간에 재무와 관련된 대화를 나눠야 한다. 안내서는 확실한 경제적 노후 대비로 '일하는 것'을 꼽았으며, 이를 위해 자신의 눈높이를 조정하고 비정기적인 일거리도 두루 찾아보기를 권했다.

가족이라는 착각

네 번째는 자기 주변과 풍요로운 관계를 맺는 것이다. 노년에는 고독이나 우울감에 빠지지 않도록 긍정적이고 적극적인 대인관계를 만드는 노력이 필요하다. 폭넓은 대인관계를 형성하기 위해서는 각종 친목 모임이나 취미 활동 등에 좀 더 적극적으로 참여할 필요가 있다.

마지막 다섯 번째는 여가와 건강을 알차게 챙긴다. 여가활동은 중후반기 삶의 만족도와 행복감에 상당한 영향력을 미치기 때문에 자원봉사, 취미, 학습, 관계지향, 건강관리, 문화, 여행 등 다양한 활동을 하면 좋다. 건강해야 무엇이든 할 수 있기에 규칙적 식습관과 꾸준한 운동, 정기 건강 검진 등도 필요하다.

일하는 노년이 행복하다

과거에는 사람들이 경제적 보상을 위해 열심히 일한 덕분에 행복한 가정을 이루고 중산층으로서 나름대로 여유를 누리며 살 수 있었다. 교육에 많은 신경을 쓰고 투자했기에 자녀들도 반듯하게 자라 어디 내놔도 부끄럽지 않은 인물들로 키웠다. 노년에는 은퇴한 이후 부부끼리 여생을 편안하게 즐기며 살 수 있으리라 믿었다.

그러나 지금은 100세 시대다. 60대 초중반에 아무 일도 하지 않으면서 남은 시간을 보내기엔 인생이 너무 길다. 건강이 허락하는 한 무엇이든 일에 몰두하는 것은 신체의 건강뿐 아니라 정신건강에도 대단히 유익하다. 땀 흘리며 집중해서 일하면 근육 활동량이 많아져 신진대사가 좋아지고, 뇌 활동도 활발해져 노인성 질환을 예방하는 효과가 있다.

은퇴한 부모가 일하지 않고 집에만 머물도록 한다고 효도가 아니다. 부모가 제2의 인생을 멋지게 펼칠 수 있도록 응원하는 것이 효도다. 성인이 되어 부모에게서 독립했으면 거꾸로 자식도 부모를 독립시켜야 한다. 일하는 노년이 건강한 노년이고, 건강한 노년이 행복한 노년이다.

노년에는 고독이나 우울감에 빠지지 않도록
긍정적이고 적극적인 대인관계를 만드는
노력이 필요하다.

무엇을
원하는지
제대로 봐야 한다

욕망

서점에 나가 보면 부자가 되는 방법을 알려 주는 책, 돈 많이 버는 비결을 가르쳐 주는 책이 넘쳐난다. 경제가 어렵고 사는 게 힘들수록 이런 책은 더 쏟아져 나오고 잘 팔린다. 부자가 되고 싶은 마음은 많은 사람의 소망이다. 지금도 사람들은 부자가 되기 위해 치열한 각축을 벌이며 밤낮없이 일에 매달린다. 대부분 부자만 되면 저절로 행복해지고 걱정 근심 없이 잘살 것 같은 환상에 사로잡혀 있다.

하지만 부자가 된 뒤 어떻게 살아야 하는지, 부자가 되고 나서 재산을 어디에 소비하고 분배해야 좋은지를 알려 주는 책은 별로 없다. 오로지 부자가 되는 목표만 있을 뿐 부자로서 존경받고 행복하며 가치 있는 삶을 살기 위해서는 어떻게 해야 하는지 고민하지 않는다.

그러다 보니 부자는 많지만 존경받는 부자는 드물고, 돈은 많이 벌었으나 행복한 가정은 흔치 않으며, 천신만고 끝에 부를 쌓았음에도 그 가치를 평가받지 못하는 경우가 허다하다.

재벌 가운데 상당수는 재산 때문에 부모와 자식 사이가 멀어지고 다툼이 생긴다. 유산을 두고 벌어지는 분쟁은 막장으로 치닫기 일쑤다. 부모가 버젓이 살아 있어도 그 앞에서 형제자매 간에 더 많은 재산을 차지하기 위해 전쟁 같은 싸움을 벌인다. 심지어 부부 또는 시아버지와 며느리, 장모와 사위 사이에도 재산을 놓고 소송까지 가는 일이 비일비재하다.

국내 모 재벌 그룹에서 벌어진 아버지와 두 아들 간의 분쟁은 오랫동안 매스컴에 오르내렸다. 두 아들을 믿지 못해 끝까지 경영 일선에서 물러나지 않은 채 재산을 틀어쥐던 아버지의 노욕과 그런 아버지로부터 어떻게든 경영권 승계와 재산 상속의 유리한 위치를 차지하기 위해 두 아들은 각축을 벌였다. 그들의 과욕은 과연 부자지간이 맞는지 의구심을 갖게 할 정도였다. 아버지는 사태가 깔끔히 해결되지 않은 상태에서 쓸쓸히 세상을 떠났고, 두 아들의 승강이는 아직도 이어지고 있다. 이들에게 가족의 행복과 가정의 평화란 어떤 의미일까?

재벌은 아니라도 상당한 재력을 소유한 부모에게는 늘 재산

분할과 유산상속이라는 과제가 따라다닌다. 부모에게 자식은 호의호식하고 살면서도 호시탐탐 자신의 재산을 노리는 애물로 보일 수 있고, 자식에게 부모는 언제나 화수분처럼 물질적 풍요를 공급하다가 말년에 큰 선물을 남기고 떠나는 물주로 보일 수 있다. 슬프지만 엄연한 현실이다.

재벌이나 부자가 등장하는 드라마를 보면 부모 자식 사이에 이런 대화가 흔하게 오간다.

"아들딸 손주들 다 소용없어. 저것들이 나한테 잘하는 건 다 내가 가진 돈 때문이라고."

"여보, 조금만 더 참고 노력합시다. 노인네들 돌아가시면 저 재산 다 우리 것 되는 거야."

행복을 여는 열쇠일까, 불행을 여는 열쇠일까

서울여대 경영학과 한동철 교수는 대한민국 최초로 대학에서 부자학을 강의한 인물이다. 그는 《부자도 모르는 부자학 개론》에서 어느 나라든 부자는 고독한 존재라고 정의한다.

부자이기 때문에 받아야 하는 '고독의 그림자'는 일반인들이 생각하는 것보다 훨씬 더 크고 깊다. 부자라는 이유로 '부자 스트레스'를 받아야 하고, 부자이기 때문에 '남을 믿지도 못하고, 타인들도 자신을 믿지 못한다.' 부자이기 때문에 '늘 혼자 지내야 한다.' 이러한 부자의 고독을 무엇으로 보상할 수 있을까? 나는 이것을 고독비용이라고 부른다.

수많은 부자를 직접 인터뷰한 그는 부자들의 가정불화에 대해서도 이렇게 언급했다.

"부자들의 가정은 대부분 일반인들의 가정에 비해 상대적으로 화목함이 덜하다. 쌓아 놓은 풍부한 재산은 언제나 분배와 상속문제를 야기하게 되어 있다. 자녀가 한 사람이어도 문제고 여럿이어도 문제다. 집안의 가정교육이 제대로 되어 있지 못하고 부부간의 사이가 좋지 못한 부잣집은 언제나 재산분배를 둘러싼 총성이 멈추지 않는다. 돈을 벌어 부자가 되는 것과 그 부를 유지하고 관리하는 것은 차원이 다른 얘기인 셈이다. 지혜롭게 집안을 다스리고 관리할 능력이 없으면 풍부한 돈은 오히려 불행의 원천이 되는 것이다."

더 많이 소유하려는 인간의 욕망은 본능이다. 나와 내 가족을 위해 부자가 되려는 욕망 또한 자연스러운 일이다. 자본주의 사회에서 돈은 많은 것을 해결하기 때문이다.

그러나 바로 그 돈 때문에 나와 내 가족에게 불행이 닥친다면 어떤가? 행복의 문을 여는 열쇠인 줄 알았던 돈이 가정불화의 문을 여는 열쇠가 된다면 이 얼마나 이율배반적인 일인가? 안타깝게도 돈이 많으면 돈을 더 많이 차지하기 위해 남편과 아내, 부모와 자식 사이에 끝없이 갈등과 다툼이 일어난다. 부자가 되고 싶다는 욕망, 돈이 많았으면 하는 욕구에 가족이 무너진다. 동서고금을 막론하고 충분히 입증된 객관적 사실에 가깝다.

돈을 향한 인간의 '욕구'와 '요구'와 '욕망'은 어떻게 다를까?

배가 고프면 허기를 느끼는 것처럼 무의식적으로 발생하는 생리적인 충동을 '욕구'라고 한다면, "밥 좀 주세요"라고 외치며 이를 언어로 표현한 것이 '요구'다. 그렇지만 유한한 언어로는 인간의 욕구를 완벽하게 표현할 수 없으므로 욕구와 요구 사이에는 간격이 생기기 마련이다. 여기서 '욕망'이 생겨난다. 이를테면 더 기름지고, 더 맛있고, 더 짜릿하고, 더 달콤하고, 더 색다른 음식을 원 없이 먹고 싶다는 식의 강렬한 바람이다. 뭔가를 하고 싶고, 이루고 싶고, 갖고 싶은 마음이 바로 욕망이다. 채우고 채워도 부족하다고 느끼는 인간의 욕망은 절대로 충족

될 수 없다.

적절한 수준에서, 적정한 선에서 욕망을 멈출 줄 아는 현명한 가족이 행복으로 가는 지름길을 아는 가족이다. 언젠가 먹게 될 산해진미보다는 지금 내 배우자나 자녀들과 함께 마주하게 될 된장국에 김치뿐인 따뜻한 밥상이야말로 행복이다. 내가 자족하는 삶을 살고 나서 내 자녀들에게 자족하는 삶을 가르쳤을 때, 훗날 부자가 된다 해도 불화한 가족으로 전락하지는 않을 것이다.

정직하게 돈을 벌어 부자가 되었으면서도 주변 사람들에게 존경받고, 사회에 나눔을 실천하며, 가족 모두 화목하고 행복하다면 이보다 더 좋을 수 없고, 더 바랄 게 없는 인생이다. 만약 이것이 불가능하다면 많은 돈과 화목한 가정 중 어느 쪽을 선택해야 하면 좋을까? 한동철 교수는 진정한 부자가 되기 위해 갖춰야 할 정신적 덕목으로 '정직', '헌신', '도덕성' 세 가지를 꼽았다.

물질적 풍요는 넉넉한 소유로 인해 편리함을 줄 수는 있으나 가정의 평화와 가족의 행복까지 담보해 주지는 못한다. 물질적 풍요를 넘어 정신적 풍요까지 갖춘 진정한 부자 아버지, 어머니가 된다면 자녀들 또한 참다운 부를 물려받을 수 있지 않을까?

5장

'가족'이지만
'타인'이다

독립된 존재로 서로 행복한 가족에 대하여

완전무결한 가족애는 없다.
자기 의지 없이 희생에 복종하고 통제에
무릎 꿇는다면 외로움만 남는다.
자신의 영역에서 자유를 누려야 한다.

- 우즈훙武志紅

가족이지만
타인으로
사랑한다는 것

가족애

영수 씨는 하는 일마다 실패를 거듭했다. 낙담 끝에 모두와 연락을 끊고 숨었다. 그는 아무런 희망이 없었다고 느꼈다. 자신을 받아주는 직장도 없었고, 자신을 인정해 주는 사람도 없었다. 무일푼이었던 그는 몸 하나 누일 곳 없고, 편히 밥 한 끼 먹을 공간이 없었다. 너무도 비참했다. 정처 없이 거리를 헤매다 허름한 고시촌에 들어가 방 하나를 빌려 몸을 뉘었다. 볼 위로 뜨거운 눈물이 주르륵 흘러내렸다. 허망하고 참담했다.

영수 씨는 친구를 찾아갔다. 불알친구였기에 서로 깊이 이해하고 있다고 믿었다. 친구에게 보증을 서달라고 했다. 대출을 받아 위기를 넘기기 위해서였다. 신용도가 낮아 은행 대출은 어려웠기에 제2금융권의 대출을 받아야 했다. 친구는 술 한 잔

마시자고 했다. 소주잔이 몇 번 오간 뒤 심각한 표정으로 친구가 말했다.

"너도 잘 알잖냐. 그 사람이 보증 서는 걸 질색해요. 도저히 안 되겠다. 정말 미안하다."

친구는 아내 핑계를 댔다. 친구의 아내는 보증을 서려면 이혼 서류에 도장 찍고 서라고 말했다고 했다. 영수 씨는 더 할 말이 없어서 그냥 일어섰다. 화가 났지만, 꾹 참았다. 친구가 대학에 입학했을 때 학자금 대출을 받아야 한다고 보증을 부탁할 때, 영수 씨는 두말하지 않고 보증을 섰었다.

그랬던 자신에게 이리 야멸차게 거절하다니 속이 쓰렸다. 호형호제하던 여러 선후배에게도 전화했지만, 모두 이런저런 핑계를 대며 꽁무니를 뺐다. 다들 제 살기 바빴다. 그는 결국 누군가의 도움을 받아 위기를 넘기려던 계획을 포기했다.

영수 씨는 친누나와 형에게 연락해 볼까 싶었지만 도저히 입이 떨어지지 않았다. 부모님이 일찍 돌아가시고 누나와 형 도움으로 생활하고 공부도 했는데, 못난 모습 보이며 또 손을 벌리기 싫었다.

영수 씨는 공황장애까지 생겼다. 극단적인 생각까지 엄습해 왔다. 살고 싶지 않았다. 살아갈 의지도 없었다. 하루는 꿈결인지 현실인지 구분할 수 없었지만, 어디선가 애타게 자기를 부르는 소리를 들었다.

"영수야! 영수야! 문 열어봐, 영수야!"

깊은 잠에 빠져 있던 영수 씨는 부스스 일어나 방문을 열었다. 누나와 형이었다. 누나가 영수 씨를 와락 끌어안았다. 뒤에는 경찰이 서 있었다. 세 사람은 부둥켜안고 눈물을 흘렸다.

"그런 일이 있으면 누나나 형한테 연락했어야지. 힘들고 어려울 때 짐을 나눌 수 있는 게 가족인데……."

"미안해, 누나 그리고 형. 염치가 없어서…… 그런데 나 여기 있는 거 어떻게 알았어?"

"친구가 전화했더라. 네가 힘들다고. 연락이 하도 안 되길래 경찰에 신고해서 찾아낸 거야."

영수 씨는 누나와 형의 도움으로 급한 일부터 해결한 뒤 조금씩 어려움을 이겨 나갔다. 틈틈이 병원에 들러 치료를 받아 공황장애 증상도 많이 호전되었다. 영수 씨는 자칫 잘못된 선택을 할 수도 있었는데, 가족의 도움으로 위기를 잘 넘겼다.

외로울 때 손잡아 줄 가족이라는 타인

가족은 가깝기에, 매일 얼굴을 마주 보며 살아야 하기에, 서로에 대해 너무 잘 알기에, 서로를 향한 기대와 바람이 남달리

크기에, 인위적으로 맺고 끊을 수 없는 필연적 관계이다. 그러나 역설적으로 타인보다 더 자주 상처와 실망과 고통을 주고받는다. 마음에 없는 말을 무심코 내뱉기도 하고 하지 않아도 될 행동을 쉽사리 저지르기도 한다.

정신의학과 심리학 분야에서 가족은 정신질환이나 심리적 일탈을 촉발하거나 악화시키는 힘들고 불편한 관계로 다루어진다. 차마 남들에게는 말하지 못하는 깊은 슬픔의 근원도, 다시는 생각하고 싶지 않은 쓰라린 기억의 아픔도 많은 부분이 가족으로부터 기인한다. 어찌 보면 가족은 서로 상처를 주고받는 완벽한 타인이다.

하지만 외롭고 쓸쓸할 때, 세상에 나만 남겨졌다고 느껴질 때, 누구도 내 힘든 처지를 돌아보지 않을 때, 아무도 내 지친 손을 잡아주지 않을 때, 아무리 하소연해도 듣는 사람이 없을 때, 이불 속에서 혼자 눈물로 베개를 적실 때 생각나는 사람은 가족이다. 어머니, 아버지, 누나, 형, 언니, 오빠, 동생이 다.

가족은 좁고 불편해서 벗어나고 싶지만, 벗어나 보면 자꾸만 돌아가고 싶은 고향 같다. 언제 어떤 모습으로 돌아가더라도 왜 왔냐, 뭐하러 왔냐 따지지도 타박하지도 않고 온전히 등을 토닥이면서 반긴다. 억압당하는 듯하고 족쇄 같아서 떠나고 싶지만 떠나 보면 한없이 그리워지는 곳이다.

○○●

손익을 따지지 않는 유일한 관계

이 세상 모든 관계는 손익과 득실을 따진다. 아무리 절친한 친구나 선후배 사이라도, 각별한 인연이라도 결정적일 때는 자신의 유불리를 따질 수밖에 없다. 이것이 인지상정이다. 모든 인간은 이기적이고 팔이 안으로만 굽는 까닭이다. 큰 가치와 명분을 따라 손익과 득실을 따지지 않고 살신성인하는 예도 있지만, 아주 드물다. 뭔가를 줬으면 받기를 기대하고, 받았으면 뭔가 줘야 한다는 부담을 갖는다.

그러나 가족 간에는 손익과 득실을 따지지 않는다. 온전한 가족이라면 주고 또 줘도 되돌려 받을 생각을 안 하는 특별한 사이다. 물론 가족 간의 사랑이 '완전한 사랑'은 아니다. 애증과 희비가 교차한다. 불만과 갈등도 있다. 그렇지만 다른 관계에 비하면 조건을 따지지 않는 정도 또는 비율이 상당히 높다.

우리는 개개인이라는 타인으로 분류하기도 하지만, 부모와 자식, 형제자매 관계는 핏줄로 이어진 관계로도 분류된다. 부부관계는 핏줄보다 더 진한 유일무이한 사랑으로 맺어진 관계로 구분되기도 한다. 따라서 그 어떤 관계보다 가족애와 부부애가 우선시되는 일은 당연한 일이다.

영수 씨의 사례처럼 벼랑 끝에 섰다고 느껴질 때 손잡아 줄

아무도 내 지친 손을 잡아주지 않을 때,
알지도 못하면서 내게 손가락질할 때,
아무리 하소연해도 들어주는 사람이 없을 때,
이불 속에서 혼자 눈물로 베개를 적실 때
간절히 생각나는 사람은 가족이다.

사람은 가족뿐이라고 해도 과언이 아니다. 가족 간에는 어려웠던 시절을 함께 보낸 경험, 밥상에 둘러앉아 허겁지겁 수저를 부딪치며 허기를 채운 기억, 어렸을 때부터 어른이 될 때까지 성장 과정을 함께하며 볼 것, 못 볼 것 다 봤던 추억 등이 켜켜이 쌓여 있다.

아빠가 직장에서 온갖 모욕을 참으며 힘든 일을 마다하지 않고 일하는 이유는 사랑하는 가족 때문이다. 엄마가 목숨 걸고 아이를 낳아 악착같이 남보다 나은 사람으로 아이를 키우려 발버둥 치는 이유는 가족이기 때문이다. 형제자매들이 티격태격하더라도 눈앞이 캄캄한 상황에 맞닥뜨렸을 때 서로 힘이 되는 이유는 동기간이기 때문이다.

반면에, 이런 가족의 특성을 이용해 매사 가족에게 의지하려는 의존적 성향의 사람도 있다. 이런 사람은 자기 스스로 뭔가를 도모하거나 해결하려 하지 않고 가족 구성원에게 책임을 떠넘긴다. 툭하면 미루고 떼쓰고 손을 벌린다.

홀로 최선을 다하다가 어쩔 수 없이 난관에 부딪힌 경우는 가족으로서 당연히 위로하고 도움을 줘야겠으나 혼자 충분히 감당할 수 있는 일마저 자꾸 의지하려 한다면 냉정하게 대처할 필요가 있다. 스스로 판단하고 책임지고 자립하도록 독려해야 한다. 가족애를 충분히 느끼는 분위기는 좋지만, 부정적인 의존성은 스스로 극복해 독립심을 갖출 수 있게끔 가족 모두가

도와야 한다. 매번 대신해 주고 도움의 손길을 편다면 오히려 사랑하는 가족을 망치는 길이다.

어느 가족이나 아픈 손가락 하나쯤은 있다. 온 가족이 건강한데, 병약한 사람이 딱 한 명 있기도 하고, 가족 전체가 머리가 좋은데, 딱 한 명 지능이 떨어지는 사람이 있기도 하며, 모든 가족이 심성이 곱고 착한데, 유일하게 거칠고 비뚤어진 사람이 있다. 가족으로서 그런 아픈 손가락에 더 마음이 쓰이고 사랑을 베풀고 싶은 마음은 당연하다. 그런데 그로 인해 도움을 주는 내가 자꾸 소멸하듯 힘들고 괴롭다면 진지하게 다시 한번 생각해 봐야 한다.

가족애는 나의 의지가 중요하다

누군가에게 마음을 주고 사랑을 베푸는 행위로 인해 내가 소진된다면 사랑이 아닐 수도 있다. 사랑하는 데 자꾸 쓸쓸하고 불행하다면 정상적인 사랑이 아니다. 사랑과 행복은 동일 선상에 있다. 무조건 상대방에게 맞춰주기만 하는 사랑은 행복하지도 않고 오래가지도 못한다.

가족이라는 착각

베스트셀러 작가이자 심리학자 중국의 우즈훙은 자신이 쓴 책《내 영혼을 다독이는 관계 심리학》에서 이렇게 말했다.

사랑의 근원은 가족이다. 부모에게서 받은 사랑이 자기 성장의 자양분이 된다. 그러나 완전무결한 가족애는 없다. 자기 의지 없이 희생에 복종하고 통제에 무릎 꿇는다면 외로움만 남는다. 자신의 영역에서 자유를 누려야 한다.

의미심장한 이야기다. 가족은 사랑의 근원이기도 하지만, 잘못하면 희생과 통제를 강요하고, 강요당함으로써 외로움만 남는 불행의 근원이 될 수도 있다. 결국, 가족애를 성장의 자양분으로 만들려면 중심을 잡고 나만의 자유를 누리려는 의지가 중요하다.

무엇이 우리를
행복하게
만들까

관계

가족 상담을 했던 어느 가족의 이야기이다. 아빠는 새벽에 일어나 토스트로 간단히 식사하고, 정신없이 전철역을 향해 내달린다. 매일매일 전쟁 같은 직장생활을 가족의 행복을 위해 꿋꿋하게 버틴다.

중학생인 딸은 중간고사 준비로 늦게 자는 바람에 제때 못 일어나 짜증을 내면서 밥도 먹지 않고 서둘러 등교한다. 지겨워 죽겠지만 공부에 목숨을 거는 목적은 좋은 대학 가서 행복하게 살기 위해서다. 조숙한 딸은 좋은 대학을 가야 좋은 신랑감을 만날 수 있다고 믿는다.

고3 아들은 동생이 일어나기도 전에 이미 집을 나선다. 학교 갔다가 학원에 들러 공부를 마치고 집에 들어오면 밤 10시가

넘는다. 늘 피김치처럼 피곤을 달고 살지만, 일류대학 진학과 대기업 입사라는 목표를 한시도 잊은 적 없다. 그것이 행복의 보증수표라고 생각하기 때문이다.

엄마는 세 사람의 행복이 자기에게 달렸다고 믿는다. 반복되는 일상이 지겹고 힘겨우나 가족 모두의 행복을 위해 참고 산다. 이들은 모두 행복을 위해 각자의 자리에서 참고 사느라 지쳐 있었다.

각 가정의 모습은 물론 천차만별이지만, 도시에 사는 현대인들의 생활 형태는 이 가족과 별반 다르지 않을 것이다. 그렇다면 남녀노소 누구나 추구하고 꿈꾸는 행복이란 도대체 무엇일까? 무엇이 우리를 행복하게 만들까? 사람을 행복하게 만드는 조건이나 요소는 무엇인가? 행복에도 일정한 법칙이 있을까?

행복의 원천, 가족

미국 하버드대 연구팀이 그 답을 찾아냈다. 하버드대 연구팀은 1930년대 말부터 지금까지 유례를 찾기 힘든 세계 최장기 종단연구로 성인 발달 연구를 진행 중이다. 하버드대 연구팀은 1937년에 하버드대에 입학한 2학년생 268명의 삶을 그들이 노인이 되어 세상을 떠날 때까지 끈질기게 추적하며 '행복하고 건강한 삶에도 법칙이 있을까?'라는 질문에 대한 답을 찾았다. 이 연구는 연구 대상자들이 50대 때 20대 시절에 대해 회고하는 방식이 아니라, 20대에 겪은 일은 20대에, 50대에 겪은 일은 50대에 기록하는 식으로 상황의 발생과 동시에 연구가 이루어졌다. 상당한 재원이 들어가고, 연구원들의 끈기가 요구되며, 연구 대상자들의 협조가 필요한 엄청난 연구였다.

35년 동안 총책임자를 맡아 이 연구를 진행한 하버드대 의과대학과 매사추세츠 종합병원 정신건강의학과 조지 베일런트 George Vaillant 교수는 연구 결과를 집대성해 《행복의 조건》을 썼다. 2010년에 우리나라에서도 출간되어 화제를 불러일으킨 이 책에서 베일런트는 이렇게 결론을 내린다.

"삶에서 가장 중요한 것은 인간관계이며, 행복은 결국 사랑입니다."

수십 년 동안 세계 최고의 대학을 졸업한 엘리트들을 관찰해서 얻어낸 결론은 행복은 돈이나 명예나 권력에서 나오지 않고 인간관계에서 오며, 그 핵심 요소는 '사랑'이라는 사실이었다.

행복이 인간관계로부터 비롯된다면 인간관계 중에서도 가장 기본적인 가족관계야말로 행복의 원천이 될 수 있다. 연구 보고서에 따르면 끊임없이 배우고 유머를 즐기며 친구를 사귀고, 담배를 끊고 술을 줄이는 동시에 일찍 귀가해 가족들 얼굴을 한 번 더 본다면, 그 사람은 끊임없이 성장하며 행복할 수 있다고 한다.

○○●

행복하게 만드는 회복탄력성의 힘

《행복의 조건》에 소개된 연구 대상자 중 짐 하트Jim Hart라는 사람과 그의 가족 이야기는 많은 생각을 하게 한다.

유년 시절에 하트의 어머니는 심각한 정신병을 앓았다. 그는 버릇처럼 학대를 일삼는 아버지를 전혀 존경하지 않았고, 그런 아버지를 그저 두고만 보는 어머니가 싫었다. 부모님과 가장 친근하게 지냈던 때가 언제냐는 질문에 그는 기억하는 한에서는 그런 시절이 전혀 없었다고 대답했다. 불행한 가정에서 태어나 부모로부터 사랑받지 못한 채 오히려 심각한 학대를 받으며 자라났다. 그런 그의 인생에 획기적인 전환점이 찾아온다. 바로 아내를 만난 것이다.

하트는 아내와 결혼한 뒤 삶이 꾸준히 변하기 시작했다. 결혼은 건강한 노화에 중요한 역할을 할 뿐 아니라 성인의 회복탄력성Resilience을 다지는 초석이 되기도 한다. 47세 때 그는 "내 인생에 가장 큰 선물은 바로 내 아내입니다"라고 말했다. 56세에 결혼생활에 크게 변화된 점이 있는지 물었을 때는 이렇게 대답했다.

"날이 갈수록 점점 부부 사이가 좋아지는 것 말고는 별로 달라진 게 없어요."

그의 아내는 오랜 세월 하트와 결혼생활을 유지할 수 있었던 이유로 "남편은 나의 절친한 친구다. 해가 갈수록 우리의 사랑은 점점 더 깊어졌다. 우리는 함께 지내는 생활이 즐겁다"라고 말했다. 하트의 두 아이 역시 부모의 결혼생활이 다른 친구들 부모의 결혼생활보다 더 훌륭하다고 평가했다.

그에게 돈은 수단일 뿐이었으며 궁극적인 목적은 늘 행복한 가정을 꾸리는 데 있었다. 하트는 이렇게 털어놓았다.

"나 역시 권력과 지위와 성공을 원할 때가 있어요. 거대 기업의 사장이 되어 있는 동창들을 보면 부러울 때가 많아요. 그러나 나는 그 모든 바람이 한낱 허영에 지나지 않는다고 결론을 내렸어요. 내가 진심으로 바라왔던 것은 가족관계를 훌륭하게 유지하는 것, 그리고 내 아이들이 행복하고 올바로 살아가도록 기반을 마련해 주는 것이에요."

하트는 자기 바람대로 살았고, 그 결과 대학 시절 그에게 시민의식이 부족하다고 비판했던 연구원들보다 훨씬 행복한 노년에 이르렀다.

젊은 시절, 연구원들의 비판 대상이었던 하트는 노년에 이르

행복이 인간관계로부터 비롯된다면
인간관계 중에서도 가장 기본적인 가족관계야말로
행복의 원천이 될 수 있을 것이다.

러 동경의 대상으로 떠올랐다. 무뚝뚝하기 그지없던 젊은이가 자애로운 할아버지로 바뀐 것이다. 그가 불행한 과거를 딛고 놀라운 회복탄력성을 발휘할 수 있었던 가장 중요한 요인은 바로 행복한 결혼생활 덕분이었다.

○○●

어쩌면 사랑보다 깊은 우정

회복탄력성은 크고 작은 역경과 실패를 새로운 도약의 발판으로 삼아 더 높이 튀어오르는 '마음의 근력'을 뜻한다. 인생의 바닥으로 고꾸라졌다가도 다시 치고 올라가는 힘, 맨 밑바닥까지 떨어졌더라도 재차 꿋꿋하게 튀어오르는 능력이다. 물체마다 각기 탄성이 다르듯 사람의 마음도 저마다 탄성이 다르다.

심각한 상황이 발생하거나 위기 국면에 처했을 때 좌절하고 포기하는 사람이 있는가 하면 용기와 희망을 잃지 않고 끝까지 경주해 자신이 가진 가능성을 발휘해 내는 사람이 있다.

회복탄력성 지수는 자신의 감정과 충동을 잘 통제할 수 있는 '자기조절 능력', 주변 사람과 건강한 관계를 맺을 수 있는 '대인관계 능력', 긍정적 정서를 유발하는 습관인 '긍정성'이라는 세 가지 요소로 이루어졌다.

불행한 가정에 태어났다고 해서 자신의 인생이 반드시 불행해지는 것은 아니다. 부모에게 사랑받지 못했다고 해서 타인을 사랑할 수 없는 것이 아니다. 회복탄력성을 발휘해 자신의 삶을 행복하게 만들고자 노력하고, 자신이 받지 못한 사랑을 타인에게 더 많이 베풀고자 애를 쓴다면 짐 하트처럼 얼마든지 행복한 가정을 이루고 사랑을 만끽하며 살 수 있다.

가정에서 사랑의 출발점은 부부로부터 시작된다. 부부가 지극히 사랑하는 모습을 보여 주면 자녀 또한 사랑하며 사는 방법을 익힌다. 부부가 행복한 가정을 만들기 위해 최선을 다하는 자세를 보여 주면 자녀 역시 행복을 가꾸는 태도를 배운다. 행복은 거창하지 않다. 가족끼리 작지만 소중한 사랑을 가꾸고 나누고 베푸는 삶이 행복이다.

30년 넘게 개인과 부부를 상담해 온 작가 죠티시 노박Jyotish Novak은 자신이 쓴 책《유쾌한 결혼생활에 꼭 필요한 30가지》에서 이렇게 조언한다.

우정을 부부관계의 기초로 삼아라. 내가 만나본 현명한 상담자들과 과학적 연구에 따르면, 우정에 기반을 둔 결혼생활이 세월의 무게를 견뎌낸다고 한다. 우리는 단순히 함께 있는 것이 즐거워 친구를 선택한다. 진정한 친구라면 의견이 항상 일치할 필요가 없다. 그러면 너무 재미없지 않겠는가. 친구라면 생각이 다르더라도 말없이 지지를 보낸다. 배우자를 당신의 가장 친한 친구로 만들어라. 서로에게 이끌렸던 것이 무엇이었는지 돌이켜보고, 그 느낌들을 늘 생생하게 간직하라. 사랑하는 사람과 손을 잡고 함께 걷고 이야기하며 웃는 모습을 그려보라. 그리고 50회 결혼기념일에도 똑같은 모습일 거라고 상상해보라. 우정을 우선순위의 맨 윗자리에 둔다면 당신의 결혼생활은 어떤 시련이 닥쳐와도 끄떡없을 것이다.

이 책에 나온 것처럼 오래된 부부라 사랑이라는 말이 다소 어색하고 어렵게 느껴진다면, 우정이라는 말로 대체해도 무방하지 않을까.

가족이라는 착각

가장 많은
대화가
필요한 사이

소통

2022년 1월부터 2월까지 서울 정동극장에서 막을 올렸던 연극 한 편이 잔잔한 감동을 선사했다. 제목은 〈가족이란 이름의 부족〉으로 영국 극작가 니나 레인Nina Raine의 작품이다.

연극의 주인공을 들여다보면 대단한 가족이라는 생각이 든다. 아버지 크리스토퍼는 언어에 집착하는 학술 비평가이고, 어머니 베스는 추리 소설 작가이며, 형 다니엘은 언어를 주제로 논문을 쓰고, 누나 루스는 오페라 가수 지망생이다. 반면 막내 빌리는 선천적 청각장애인이고 그가 사랑에 빠진 여인 실비아는 청력을 잃어가는 수화 통역사다. 가족 모두 언어를 다루거나 언어와 관련 있는 사람들이다.

그런데 이런 사람들이 모여서 나누는 대화는 가장 비언어적

이다. 가족들이 빌리의 언어인 수화를 배우지 않는 것도 아이
러니한 일이다. 아버지는 폐쇄적인 지식인이다. 자기 생각이
무조건 옳다고 강요하며 독설도 거침없이 내뱉는다. 가정을
지배하는 추장 같다.

1막에는 식탁이 등장한다. 가족이 모여 대화를 나눈다. 대화
의 장이 펼쳐졌지만, 오가는 말은 그저 서로를 찌르는 가시 돋
친 말뿐이다. 경청은 없다. 편안함이 사라진 식탁에는 살벌함
만 감돈다. 대화는 점점 논쟁의 늪 속으로 빨려든다. 누구는 빠
져나오려 애를 쓰고 누구는 더 끌어들이려 용을 쓴다. 가족의
대화에 낄 수 없는 막내 빌리는 철저하게 소외된다. 가족 간 언
어의 장벽은 한없이 높다.

2막에서는 소수자였던 빌리가 전면에 등장한다. 그는 이제
자신에게는 가족이 필요하지 않다고 말하며 보청기를 뺀다.
순간 가족의 목소리가 줄어들면서 웅웅거리는 소리가 난다.
빌리는 가족이 아닌 실비아와의 사랑을 통해 언어를 회복하고
소외를 극복한다. 빌리는 가족에게 수화를 사용하라고 하면서
수화로만 말한다. 언어의 바깥에 있던 사람이 언어의 안쪽으
로 들어오고, 언어의 안쪽에 있던 사람이 언어의 바깥으로 나
가는 반전이 이루어진다.

이 작품은 2010년 영국에서 초연이 이루어졌다. 니나 레인
은 소속감을 주면서 규칙을 따를 수밖에 없는 가장 작은 단위

의 부족으로 가족을 바라본다. 소통 부재의 가족을 부족이라는 집단적 특성에 투영시켜 우리가 정말 상대방 말을 듣고 있는지, 내가 사용하는 언어가 소통의 언어인지 불통의 언어인지, 진정한 소통이란 대체 무엇인지를 묻고 있다.

○○●

대화하고, 공감하고, 소통하라

많은 사람이 가족끼리 더 자주 대화를 나누고 서로 이해하며 긴밀히 소통하기를 원한다. 이렇게 말하는 사람이 많다.

"우리 가족에겐 정말 대화가 필요해."

반대로 이렇게 말하는 사람은 많지 않다.

"우리 가족은 너무 대화가 잘돼서 대화 시간을 더 늘릴 필요가 없어."

가족 간에 대화의 양이 문제가 아니라 내용, 즉 질이 문제다. 부모와 자녀, 남편과 아내, 형제자매 사이에 원활한 대화가 이루어지기 쉽지 않다는 이야기다.

상담과 치료를 위해 정신건강의학과를 방문하는 사람 중에는 가족 간에 소통이 제대로 되지 않아 우울증, 무기력증, 불면증 등에 시달리는 사람이 많다. 그들은 가족끼리 얼굴만 봐도 분노가 치밀거나 아예 대화의 담을 쌓고 산다.

가족끼리 소통이 왜 이렇게 힘들까?

너무 편하고 가까운 사이다 보니 상대방이 나를 먼저 이해해 주고 내 말을 들어주길 기대하기 때문이다. 상대방도 마찬가지다. 부모니까 무슨 말을 해도 받아주겠지, 자식이니까 아무 말이나 해도 이해하겠지, 남편이니까 굳이 말하지 않아도 내 속내를 들여다보겠지, 아내니까 내 말이 진심이 아니라고 알아주겠지, 이렇게 생각한다면 정말 큰 오해이고 착각이다. 이것은 소통이 아니라 소통 장애를 일으킨다.

가족은 수평적 관계여야 한다. 부모와 자녀, 남편과 아내, 형제자매 사이에 질서가 있지만, 수평적 관계 속에 질서를 유지한다. 명령과 복종이 수반되는 수직적 질서가 아니라 같은 위치에서 마음의 높이를 수평적으로 맞추는 수평적 질서이다.

가족 안에는 공감Empathy이 필요하다. 공감은 다른 사람의 감정, 의견, 주장 따위에 대해 자기도 그렇다고 느끼거나 그렇게 느끼는 기분을 의미한다. 타인의 마음을 헤아리는 마음이다. 내 시선으로 바라보지 않고 그 사람의 시선으로 바라봐야 진정한 공감이 이루어질 수 있다.

공감은 '함께 느끼고 함께 아파한다'라는 뜻을 가진 그리스어에서 유래한 말이다. 진정한 소통을 위해서는 공감이 전제되어야 한다. 상대방에게 공감할 수 있어야 눈과 마음의 높이를 맞출 수가 있다. 어떻게 하면 공감할 수 있는 능력, 즉 공감력을 높이거나 키울 수 있을까?

가족 치료의 어머니로 불리는 미국의 심리학자 버지니아 사티어Virginia Satir는 '가족을 치료할 수 있다면 세계를 치료할 수 있다'라는 굳은 신념을 가졌다. 그녀는 "우리는 서로의 닮은 점 위에서 어울리고, 서로의 다른 점 위에서 성장한다"라는 말을 남기기도 했다.

자신과 타인의 차이를 인정하는 것이 공감의 출발이라는 이야기다. '나와 다르네?' 하고 배척하는 게 아니라 '저 사람은 저렇구나' 하면서 있는 그대로를 받아들인다. 이것이 공감의 시작이다. 가족 간에도 똑같다. 피를 나눈 관계이자 매일 얼굴을 마주하는 사이라 해도 나와 타인은 다르다고 인정해야 한다. 가족도 타인이다. 닮은 점이 발견되면 공감하면서 더 잘 어울리고, 다른 점이 발견되면 그걸 받아들이고 공감하려 노력하는 과정에서 성장이 일어난다.

○○●

진심을 다해 귀 기울여라

〈가족이란 이름의 부족〉에 소개된 빌리의 가족과 실비아의 가족은 상반된 모습이다.

빌리의 가족은 전형적인 '불통 가족'이다. 모두가 많이 배운 지식인들이지만, 모이면 자기 말만 한다. 이들은 자신의 언어로만 소통하려 하고 상대방에게 자신의 언어 체계로 들어오라는 태도로 일관하고 있다. 서로 자신만 알아달라는 이기심으로 가득한 가족이다.

아버지 크리스토퍼는 막내아들 빌리가 청각장애인임에도 소수자로 키우기 싫다는 이유로 장애인 학교에 보내지 않는다. 아들보다는 자신의 체면과 사회적 이목을 먼저 생각한 것이다. 게다가 그는 자신이 수화를 배워 아들과 소통하려는 노력은 하지 않고 아들에게 독순술을 가르쳐 자신의 말을 이해시키려 했다. 가장이라는 이름으로 자행된 폭력이다.

자각을 통해 강요된 침묵을 깨뜨린 빌리가 수화로 "우리 가족보다 실비아의 가족이 더 진짜 같아요. 집을 떠나겠어요"라고 말한다.

그러자 어머니 베스가 "널 이해해"라고 말한다. 그 순간 자막에는 "널 이해 못 하겠어"라는 글자가 새겨진다. 드러난 언어와 마음속에 숨겨진 언어 사이의 불일치다. 가족의 대화는 매번 이런 식이다.

언어를 주제로 논문을 쓰는 형 다니엘은 "이 집에서 자식들에게 주는 건 가학적인 사랑뿐이지"라고 말한다.

오페라 가수 지망생인 누나 루스 또한 "우리는 가족을 위해 귀찮은 일은 절대 안 해. 우린 다 이기적인 자아도취자들이거든"이라고 말한다.

이에 반해 실비아의 가족은 '소통 가족'이다. 수화로 빌리와 대화하며 그에게 눈과 마음의 높이를 맞추고 그의 아픔에 공감한다. 자신의 언어로 소통하려 하지 않고 빌리의 언어를 이해하기 위해 그의 언어 체계 안으로 들어간다. 이타심을 발휘해 소통할 줄 아는 가족이다.

빌리는 자신의 피붙이 가족과 사랑하는 여인의 가족 사이에서 고민한다. 결국 소통이 없는 전자의 가족을 떠나 소통이 있는 후자의 가족을 선택한다. 거기서 진정한 가족애를 느낀다.

가족애는 혈연에 의해 저절로 생기지 않는다. 공감을 통한 소통이 쌓였을 때 만들어진다.

작가는 연극을 통해 소통 부재의 시대를 살아가는 현대인들을 향해 '진심으로 가족의 이야기에 귀 기울이고 있는지' 질문을 던진다.

내 주장을 관철하려 기를 쓰면서 내 말을 상대방에게 강요하면 소통이 아니다. 마음을 열고 상대방의 말을 듣고 그의 진심에 다가가기 위해 귀 기울여야 소통이다. 가족 사이에 일어나는 대부분의 불화는 불통으로부터 온다. 가족에게는 소통이 필요하지 불통이 아니다. 상대방이 먼저 나와 잘 소통하기 위해 노력하고 애쓰기를 기대한다면 불통이다. 내가 먼저 상대방과 더 잘 소통하기 위해 다가가고 귀 기울여야 소통이 시작된다.

우리 가족은 어떤가? 우리에게 정말 대화가 필요하다고 생각한다면 내가 먼저 소통의 통로가 되어야 한다. 크리스토퍼가 될지 실비아가 될지는 나의 선택에 달렸다.

가족이라는 착각

사랑할 시간이
그리 많은 건
아니다

표현

사랑하는 가족을 잃고 슬픔에 겨워 정상적인 생활을 할 수 없어 병원을 찾는 사람들이 있다. 대개 갑작스러운 사고 또는 질병으로 부모, 배우자, 자녀가 일찍 세상을 떠난 경우다. 누구나 이럴 때 쉽사리 가족의 죽음을 인정하거나 받아들이기 어렵다. 비애와 쓸쓸함, 분노와 허탈감이 파도처럼 밀려든다. 마음이 안정되지 않아 도저히 일상으로 돌아가기가 힘들다.

유족이 처한 상황을 들여다보면 보통 두 가지로 구분된다.

하나는 고인과 가족 사이에 사랑이 흘러넘쳤고, 가정 분위기가 화기애애했으며, 아름다운 추억을 많이 쌓은 경우다. 이럴 때는 세상을 떠난 가족에게 더 잘해 주지 못해서 후회나 가책이 들기보다는 그토록 사랑하던 사람이 갑자기 자신을 떠나갔다는 상실감과 앞으로 남은 시간을 그와 함께할 수 없다는 허망함이 더 크다.

《상실의 언어》라는 책은 유일한 가족이자 친구이면서 소울메이트였던 남편이 예상치 못하게 세상을 떠난 뒤, 바닥까지 고꾸라진 아내의 마음을 추적한 이야기이다. 이 책에서 아내가 겪은 처절한 고통은 이렇게 기록되어 있다.

'상실 지향성 스트레스 요인'은 잃어버린 것들과의 관계에서 오는 추억, 고인과의 소통, 그리움 등을 말한다. 내 경우거의 모든 것이 이런 스트레스 요인이 될 수 있었다. 우리가 즐겨 찾던 카페를 지나치는 일, 빌이 보고 싶어 했던 연극과 영화의 개막이나 개봉을 알리는 이메일, 특정한 음악을 듣거나 식당에서 (빌이 항상 그랬듯) 와인 대신 수제 맥주를 찾는 누군가의 목소리를 듣는 일도. 빌에 대한 그리움과 너무나 달라져 버린 내 삶을 상기시키는 고통스러운 추억들이 끝도 없이 밀려왔다. 일상에서 이런 추억들에 부딪히다 보면 마치 수천 번 종이에 베어 죽어가는 것처럼 느껴졌다.

유족이 처한 또 다른 상황은 여러 가지 사정으로 고인과 가족 사이에 함께할 시간이 적었고, 서로에게 충분히 애정을 표

가족이라는 착각

현하지 못했으며, 냉랭한 가정 분위기에 이렇다 할 추억을 쌓을 기회가 없었던 경우다. 이럴 때는 세상을 떠난 가족에게 뭐 하나 제대로 못 했다는 죄책감과 앞으로 이를 만회하거나 회복할 기회가 없다는 절망감이 뼛속 깊이 사무친다. 남은 가족이 느끼는 후회와 가책은 이루 말할 수 없는 중압감이다.

형편이 좋지 않아 반지하 전셋집에서 맞벌이하며 외동딸을 키우는 부부가 있었다. 남편은 지방으로 발령이 나 어쩔 수 없이 주말부부가 되었다. 중학생 딸과 여행도 다니고, 같이 영화도 보고, 맛집을 찾아 외식도 하고 싶었지만, 너무 바쁜데다 여유도 없었다. 딸이 대학생이 되기 전에 내 집을 마련하겠다는 목표로 허리띠를 졸라매며 살았다. 딸에게는 미안한 마음뿐이었으나 조금만 더 참으면 좋은 날이 오리라 생각하며 아내에게 참고 견디자고 위로했다.

그런데 어느 날, 딸이 하굣길에 신호를 무시하고 달리던 자동차에 치여 그만 목숨을 잃었다. 청천벽력이었다. 부부는 맥없이 무너졌다. 순식간에 인생의 목적이 사라져 버렸다.

"내가 누구를 위해 밤낮없이 일하며 달려왔는데, 어떻게 이런 일이 일어날 수 있단 말인가. 이럴 줄 알았으면 회사 때려치우고 같이 여행이나 다닐 걸, 그 좋아하는 영화 한 편 같이 못 보고, 사달라는 피자 한 번 배불리 못 먹이고…… 아, 이 죄를 어찌 다 갚을지……."

딸의 영정 사진을 붙들고 오열하는 아빠의 모습은 극한의 처연함이었다.

○○●

표현하지 않으면 후회만 남는다

사랑하는 가족의 죽음으로 받은 심리적 충격은 실로 엄청나다. 특히 동고동락을 함께한 배우자와의 사별이나 눈에 넣어도 아프지 않은 자녀와의 이별에서 오는 고통과 슬픔은 헤아릴 수 없이 크고 깊다. 주로 나타나는 증상은 내가 좀 더 잘하지 못했다는 죄책감, 죽음 자체에 대한 부정, 죽음을 불러온 원인에 대한 분노, 끊임없이 이어지는 비애감 등이다.

"다 내 잘못이야. 내가 좀 더 잘했더라면 절대 죽지 않았을 텐데……."

"아냐, 죽지 않았을 거야. 나를 두고 혼자 떠날 리가 없어. 결코 그럴 사람이 아니야."

이런 증세가 계속되면 우울증, 불안감, 불면증, 대인기피증 등이 나타나면서 심각한 정신적 고통을 겪게 된다. 이를 당연한 슬픔이라 여기고 가볍게 생각하면 증상이 악화할 수 있다.

가족이라는 착각

몇 달 정도 애도 기간이 이어지는 일은 자연스럽지만, 1년 이상 증상이 이어지면 반드시 전문적인 치료가 필요하다. 증상이 아주 심하면 사별 후 정상적인 애도 과정을 벗어나 지속적인 심리적, 신체적 부적응을 일으키는 과도한 비애 반응인 '복합 비애Complicated Grief' 또는 생명을 위협할 정도의 극심한 스트레스를 경험하고 나서 발생하는 심리적 반응인 '외상 후 스트레스 장애Post Traumatic Stress Disorder'로 발전할 수 있다. 극한의 슬픔을 참지 못해 극단적 선택을 하는 사람까지도 있다.

흔히 언제 못 보게 될지 모르니 볼 수 있을 때 더 잘하라는 의미로 "있을 때 잘해"라는 말을 한다. 살다 보면 이 말이 단순한 우스갯소리가 아니라는 사실을 깨닫게 된다. 지금 내 곁에 있는 사랑하는 사람이 언제 내 곁을 떠나갈지 아무도 모른다.

기꺼이 내 생명을 바쳐도 아깝지 않은 아내가, 세상에서 오직 나만을 지극정성으로 사랑하는 남편이, 늘 내 편이 되어 주는 아빠가, 맛있는 음식을 보면 내 생각부터 하는 엄마가, 나를 쏙 빼닮아 볼 때마다 신기한 잘생긴 아들이, 시집가지 말고 영원히 내 옆에서 살았으면 하는 예쁜 딸이 어느 날 갑자기 한마디 인사도 없이, 편지 한 통 남기지 않은 채 홀연히 사라져버릴 수도 있다. 언젠가는 잘하겠다면서 미뤄둔 미래는 영영 오지 않을 수 있는 것이다.

지금 내 곁을 지키는 사람들에게

경기도 벽제와 용미리 등에는 납골 시설이 있다. 이곳에는 유족들이 고인을 추모하는 글을 남길 수 있도록 '고인에게 쓰는 편지'라는 노트가 비치되어 있었다. 여기에 적힌 글 3,500여 통 가운데 193편을 추려 《눈물의 편지》라는 책이 출간되었다. 먼저 간 남편과 아내, 그리운 부모, 눈에 밟히는 아이들에게 가슴으로 써 내려간 편지에는 눈물 없이 읽을 수 없는 사연들이 가득하다.

"여보, 당신이 너무도 보고 싶어서 달려왔어요. 나 좀 바라보아 주어요. 그냥 바라보기만 해줘도 좋아요. 아무 말 안 해도 좋아요. 마음은 항상 내 곁에 있지만, 당신 모습이 보이지 않으니 사무치도록 애타게 보고 싶고 그리운 마음을 어떻게 보여드릴까요."

"아버지! 며칠 전에 꿈속에서 쇠고기죽 한 그릇만 달라고 하셨는데, 제가 안 드려서 삐치시던 게 생각납니다. 그날따라 어머니께서 많이 아프셔서 제가 죽을 끓인 걸 아셨는지 꿈에 나타나시기까지 하시고. . 아침에 아버님께 새로 만든 죽을 한 그릇 해서 사진 앞에 드렸는데, 많이 드시고 가셨

가족이라는 착각

는지요?"

"엄마에게 하고 싶은 말 많이 있는데, 엄마 눈동자 보며 많은 얘기 나누고 싶은데, 그러지 못한 게 참 슬프고 외롭다. 요즘 따라 엄마 생각 많이 난다. 엄마와 지내왔던 일, 꾸중 들었던 일, 칭찬받던 일. 엄마, 너무 보고 싶다."

"오늘이 너의 생일이란다. 네가 하늘나라에 간 지 1년 반이 되었지만, 아직도 엄마 아빠는 실감이 나지 않는다. 집에 있으면 문 열고 은행 다녀왔습니다, 할 것 같고, 전화 소리만 울리면 아빠, 하고 나를 찾는 것만 같다. 엄마 아빠는 죽을 때까지 너를 잊지 못할 것 같다."

편지를 쓴 사람, 받는 사람이 다르지만, 한결같이 안타깝고 절절한 가족애가 드러난다. 이들은 이구동성으로 말한다. 가족에게 좀 더 다정한 말을 건네고, 좀 더 웃는 얼굴을 보여 주고, 좀 더 오랜 시간 대화를 나누고, 좀 더 진솔하게 마음을 드러내고, 좀 더 맛있는 음식을 먹이고, 좀 더 좋은 옷을 사 입히고, 좀 더 멋진 곳으로 여행을 떠나고, 좀 더 많이 사랑했다면 좋았다고 말이다.

사랑은 표현하고, 행동해야 사랑이다. 표현하고 행동해야 할 시점은 바로 지금이다. 나중으로 미루면 언제 할 수 있을지 모른다. 미래보다 현재가 가장 중요하다.

인생이 굉장히 긴 듯하지만, 사랑할 시간은 그리 많이 남아 있지 않다. 남편과 아내가 옆에 있을 때, 부모님이 아직 살아 계실 때, 아들딸들이 내 눈에 보일 때, 형제자매의 이름을 부를 수 있을 때 즉시 표현하고 행동해야 한다. 사랑한다고, 너를 믿는다고, 네가 있어 행복하다고⋯⋯. 이 말과 행동을 내일로 또 미룬다면 후회와 낙담으로 밤을 지새우게 될지도 모른다.

가정은
행복을 배우는
학교다

행복

오랜만에 같이 밥을 먹게 된 선배에게서 들은 이야기다.

부잣집의 외아들 수목 씨가 살았다. 수목 씨는 어릴 때 사고를 당해 몸 일부가 자유롭지 못했다. 그렇지만 열심히 공부해 명문 대학에 입학했다. 그는 매일 버스를 타고 학교에 갔다. 예전에는 버스에 안내양이 있었다. 매번 같은 버스를 타다 보니 낯이 익게 된 대학생과 안내양은 눈인사를 나누었다. 몸이 불편한 그를 위해 안내양은 부축도 해 주었다. 그러다 두 사람은 서로 연민의 정을 느꼈다. 수목 씨는 자신을 진심으로 아끼는 여인이 생겨 사는 맛이 나고 자존감도 올라갔다. 수목 씨와 안내양은 시간 날 때마다 차도 마시고 공원에서 산책도 하면서 사랑을 키워갔다.

그런데 수목 씨 집에서 둘의 관계를 알고 난리가 났다. 아무리 장애가 있는 아들이라 해도 명문대를 다니는 대학생이고, 부잣집 외아들이 버스 안내양과 교제하는 모습을 용인할 수 없었다. 수목 씨 부모는 버스 회사로 찾아가 직원 교육을 어떻게 했느냐며 항의를 하고 아들과 사귀던 안내양에게 심한 모욕을 주었다. 안내양은 가난해서 배우지 못한 처지였지만, 버스에서 일을 하면서도 야학에 나가 꿈을 키웠는데 이 일로 심한 충격을 받았다. 그 뒤로 그녀는 회사를 그만두고 어디론가 사라졌다. 아무도 그녀의 소식을 알지 못했다.

수목 씨는 부모에 의해 꼼짝없이 집에 갇혀 있었다. 아무 데도 갈 수 없는 신세로, 부모에게 다시는 그녀를 만나지 않겠다고 각서를 쓴 다음 겨우 집을 빠져나왔다. 그는 그 길로 그녀가 일하던 버스 회사로 달려갔다.

하지만 그녀는 그곳에 없었다. 사정사정해서 그녀의 시골집 주소를 알아내고 한달음에 그녀의 고향으로 내달렸다. 어릴 때 부모가 돌아가신 그녀에게 피붙이는 오빠뿐이었다. 실연의 상처를 입은 그녀는 오빠 집에 머물렀다.

수목 씨는 그녀의 오빠를 붙들고 자초지종을 이야기했다. 오빠는 수목 씨에게 말없이 뒷산 중턱을 가리켰다. 불편한 몸으로 산에 오른 수목 씨 눈앞에 나타난 것은 사랑하는 여인의 무덤이었다. 집에 내려와 몸져누웠던 그녀가 어느 날 농약을 마

　　　가족이라는 착각

시고 스스로 목숨을 끊은 연유였다. 그녀에게 수목 씨는 아름다운 사랑이자 꿈이었는데, 사랑이 허무하게 끝나자 더는 버텨낼 기력이 없어진 것이다.

수목 씨는 절규했다. 자기 때문에 그녀가 죽었다고 울부짖었다. 대학생과 안내양이라는 신분의 차이가 뭐 그리 대단하다고 이런 일이 벌어졌는지 한탄했다. 불편한 자신을 지극정성으로 살피며 풋풋한 사랑을 주었던 그녀였다. 자신의 부모는 그런 그녀에게 참을 수 없는 모멸감을 주고 세상을 살아갈 의지마저 꺾었다. 수목 씨는 부모를 도저히 이해할 수도, 용서할 수도 없었다. 몇 날 며칠 동안 그녀 무덤에서 울부짖던 수목 씨역시 어느 날, 무덤가에서 쓰러진 채 발견되었다. 홀로 살아갈 염치도, 의미도 발견할 수 없던 수목 씨는 약을 먹고 사랑하는 사람의 뒤를 따라간 것이다.

○○●

가족은 인생 학교의 영원한 동창생

어디까지가 사실인지는 모르겠으나 수목 씨 이야기를 듣는 내내 가슴이 뭉클하고 먹먹했다. 진료실에서 만났던 환자 중에 이와 비슷한 사연을 가진 사람들 얼굴이 떠올랐다. 그들 또한 얼마나 아프고 힘들지를 생각했다. 부모가 자녀에게, 자녀가 부모에게, 형이 동생에게, 동생이 언니에게 가족이라는 이름으로 얼마나 서로를 억압하고 간섭하고 상처를 주는지 모른다. 그러면서도 그들은 하나같이 이렇게 말한다.

"내가 너를 얼마나 사랑하는지 알지? 사랑하니까 이러는 거야. 제발 내 말 좀 들어."

"다 너의 행복을 위해서야. 나 좋자고 이러는 거 절대 아니다. 너 잘되라고 하는 말이야."

사랑과 행복. 인생에 사랑과 행복을 빼면 대체 무엇이 남을까? 어쩌면 우리가 살아가는 이유는 이 두 가지를 얻기 위해서인지도 모른다. 인생의 목적이 무엇인지, 인생에서 가장 아름다운 것이 무엇이냐고 묻는다면, 아마도 많은 사람들이 사랑과 행복을 꼽을 터이다. 돈이나 명예나 권력이나 지식도 결국 자기 자신의 행복과 사랑을 위해서 추구한다.

사랑하면 행복하다. 행복해지기 위해서는 사랑해야 한다. 사랑하고 행복을 느끼며, 사랑하기 위해 애쓰고 행복해지기 위해 노력하며 살다 가는 것이 인생이다.

하지만 사랑과 행복을 느끼는 과정, 방법, 결과는 저마다 다르다. 여기에는 정답도 없고 정해진 규범이나 모범도 없다. 서로 사랑하고 사랑받는 데 어떤 제약이 있다면 그것은 경험과 관습에 따른 편견과 오해에서 기인한다. 학력, 경제력, 집안,

나이, 외모 등에 의해 사랑할 사람과 사랑받을 사람이 정해진다면 인생은 한없이 건조하고 삭막해질 뿐이다. 그렇게 잘 맞춰진 조합에 행복이 담보된다는 보장도 없다.

사랑을 느끼고 행복을 맛보는 기준은 사람마다 제각각이다. 누구도 이를 자신의 기준으로 판단할 수 없다. 그런데도 이런 불합리하고 부조리한 억압과 재단이 가장 많이 이루어지는 곳이 바로 가정이다. 가족이라는 이름으로 서로에게 자신만의 잣대를 들이대면서 너의 사랑과 행복을 위함이라고 강변한다.

가족 내에서 서로 추구하는 행복의 모습이 다를 때, 우리는 이를 어떻게 조정하고 조율해 나가야 할까?

정유정 작가의 소설 《완전한 행복》은 가족의 행복을 위해 자행되는 무자비한 폭력을 다루고 있다. 내가 행복해지기 위해, 자신의 가정을 행복하게 만들기 위해 이에 방해가 된다고 생각하는 요소를 하나씩 제거하는 인물이 나온다.

자기애의 늪에 빠진 나르시시스트 주인공 유나는 한 번 결혼에 실패한 채 딸아이를 데리고 재혼한다. 쓰라린 좌절을 겪었기에 두 번째 결혼은 반드시 성공해야 하고, 행복해야 한다고 생각한다. 유나는 자신의 행복을 위해서라면 무엇이든 할 수 있다고 여긴다.

유나는 자기애성 인격장애 Narcissistic Personality Disorder를 가졌다.

이런 장애가 있는 사람은 성공에 대한 욕구가 강해 누군가를 배려하거나 타인의 아픔에 공감할 줄 모른다. '나'와 '남'을 구분하지 못하며 '남'은 자기 자신의 행복만을 위해 존재하는 또 다른 '나'가 된다. '나'가 된 '남'은 쓸모가 있을 때는 충실히 사용하다가도 쓸모가 없어지면 가차 없이 버린다. 그리고 또다시 새로운 '나'를 탐색한다.

행복에 대한 유나의 자기애성 생각은 소설 속에서 극명히 드러난다.

> 행복은 덧셈이 아니야. 행복은 뺄셈이야. 완전해질 때까지,
> 불행의 가능성을 없애 가는 거.

행복에 방해가 되는 '남'을 하나씩 지우며 불행의 가능성을 제거함으로써 '나'의 완전한 행복을 추구하던 그녀는 자신만의 완전한 행복을 찾았을까? 그렇지 않다. 정반대였다. 처참한 불행만이 남았다.

작가는 작품을 설명하면서 이렇게 말했다.

"우리는 누구나 행복을 추구한다. 그것은 인간의 본능이며 삶의 목적이 되기도 한다. 다만 기억해야 한다. 우리에겐 행복할 권리와 타인의 행복에 대한 책임이 함께 있다는 것을."

누구에게나 행복할 권리가 있다. 그러나 내가 행복의 조건

이라고 생각한 것이 다른 사람에게도 똑같이 적용되지는 않는다. 따라서 내 주관에 따라 다른 사람의 행복을 함부로 재단하고 강제할 권리 역시 없다. 아무리 부모라도, 아무리 가족이라도 말이다. 그리고 내가 행복해지기 위해 다른 사람을 불행에 빠뜨릴 권리 또한 당연히 없다. 내 행복을 자유롭게 추구할 권리가 있는 것만큼 다른 사람의 행복을 침해할 권리가 없다는 사실도 알아야 한다. 이것이 타인의 행복에 대한 책임이다.

진정한 행복, 완전한 행복이란 나만의 행복, 즉 이기적인 행복만으로는 충족되지 않는다. 모두가 불행한데 혼자만 행복할 수 없는 까닭이다. 나와 가족과 이웃과 사회 나아가 온 인류가 행복해야, 즉 이타적 행복이 충족되어야 비로소 가능해진다.

인생을 함께 공부하는 사이, 가족

가정은 사랑을 배우는 학교다. 가정에서 가족은 사랑하고 사랑받는 법을 배운다. 부모의 사랑으로 자녀가 태어나고, 부모의 사랑을 먹고 자녀가 자라며, 부모의 사랑 덕에 자녀가 어른이 된다. 부모의 사랑 속에 성장한 사람은 이웃과 사회에 사랑을 전파한다. 그리고 자신도 사랑이 가득한 가정을 만든다. 이

렇게 사랑은 가정을 통해 전수되고 대를 잇는다. 부모의 역할
은 최선을 다해 마음껏 자녀를 사랑하는 일뿐이다.

사랑이 결핍된 가정에서는 사랑하고 사랑받는 법을 배울 수
가 없다. 가정을 통해 사랑이 전수되고 대를 잇지 못한다. 그렇
다고 사랑이라는 이름으로 가족을 억압하고 재단한다면, 그 순
간부터 대부분 불행의 씨앗은 발아된다.

가정은 행복을 배우는 학교다. 행복을 느끼면서 무엇이 행복
인지를 알고 어떤 행복을 추구할지를 꿈꾼다. 부모의 행복한
모습을 보며 자녀는 행복을 배운다. 부모는 일상에서 행복하
게 사는 모습을 자녀들에게 있는 그대로 보여 주는 역할을 할
뿐이다.

행복한 가정에서 성장한 사람은 이웃과 사회에 행복을 전파
한다. 훗날 어른이 되어 자신도 행복한 가정을 만들기 위해 노
력한다. 자신의 행복할 권리도 누리지만, 타인의 행복에 대한
책임도 질 줄 안다. 가정에서 행복을 느끼지 못하고 자란 사람
은 행복에 대한 편견과 오해에 사로잡히기 쉽다. 자신만의 주
관으로 타인에게 행복을 강제하고 재단하려 든다.

트라피스트 수도회 출신으로 '사막의 성자'라 불리는 프랑스
신부 샤를르 드 푸코Charles de Foucauld는 〈나는 배웠다〉라는 시 한
편을 남겼다. 이 시는 인생에서 사랑하는 것과 사랑받는 것이

왜 중요한지를 잘 일깨워 준다.

나는 배웠다.
다른 사람으로 하여금 나를 사랑하게 만들 수 없다는 것을.
내가 할 수 있는 일은 사랑받을 만한 사람이 되는 것뿐임을.
사랑은 사랑하는 사람의 선택에 달린 일.

사랑하는 사람에게는 언제나
사랑의 말을 남겨 놓아야 함을 나는 배웠다.
어느 순간이 우리의 마지막 시간이 될지
아는 사람은 아무도 없으므로.

두 사람이 서로 다툰다고 해서
서로 사랑하지 않는 게 아님을 나는 배웠다.
그리고 두 사람이 서로 다투지 않는다고 해서
서로 사랑하는 게 아니라는 것도.
두 사람이 한 가지 사물을 바라보면서도
보는 것은 완전히 다를 수 있음을.

다른 사람이 나를 사랑하게 만드는 일은 무척 어렵다. 하지만 내가 사랑받을 만한 사람이 되기 위해 애쓰고 노력하는 일

LOVE

사랑과 행복.
인생에 사랑과 행복을 빼면 대체 무엇이 남을까?
어쩌면 우리가 살아가는 이유는
이 두 가지를 얻기 위해서인지도 모른다.

은 얼마든지 할 수 있다. 가정은 그를 배우는 공간이다. 사랑하고 사랑받는 법을 배움으로써 자신이 얼마든지 사랑받을 만한 사람으로 성장하는 것, 이것이 가정의 역할이다.

사랑받을 만한 사람은 반드시 사랑받게 되어 있다. 가족은 서로를 보듬고 격려하고 이해하고 존중함으로써 사랑받을 만한 사람들을 길러내는 곳이다.

사랑하는 사람에게 언제나 사랑의 말을 남기는 것도 가정에서 배우는 일이다. 가족의 언어는 사랑의 언어가 되어야 한다. 부모가 사랑의 언어를 줄기차게 사용하면 자녀들 역시 사랑의 언어를 자유자재로 구사할 것이다. 사랑의 모습은 각양각색이기에 두 사람이 같은 곳을 바라보면서도 완전히 다른 견해를 가질 수는 있지만, 사랑하고 사랑받는 법을 아는 사람들이라면 결국은 사랑할 수밖에 없고, 사랑으로 귀결된다는 사실도 배우게 된다.

시의 마지막 연은 이렇게 끝맺는다.

나는 배웠다.
사랑하는 것과 사랑받는 것을.

가정은 사랑하는 것과 사랑받는 것을 배우는 학교다. 가정에서 우리는 행복할 권리와 타인의 행복에 대한 책임을 배운다.

가족은 서로에게 배움을 얻고 가르침을 주는 인생 학교의 영원한 동창생이다. 부모와 자녀, 형제와 자매, 가족 구성원 모두 이 사실 하나만 명심하고 실천한다면 가족의 이름은 빛나고 아름다운 이름으로 회복될 것이다.

가족이라는 착각

가족에게는 그리울 만큼의 거리가 필요하다

코로나 팬데믹으로 가족 내에서 두 가지 현상이 벌어졌다.

하나는 부정적 결과다. 가족 모두 외출을 자제하고 집 안에 있는 시간이 많아지다 보니 접촉하고 대화할 시간이 늘어나면서 갈등이 더욱 고조된 경우다. 사사건건 마찰이 생기고 불화가 빚어졌다. 가족 구성원 간에 사이가 더 안 좋아졌다. 심지어 참다 못해 이혼하는 사례까지 생겼다고 한다.

또 하나는 긍정적 결과다. 누군가의 집을 방문하는 일이 금기시되다 보니 자연스럽게 양가 어른들께 인사하러 가지 않아도 되고, 명절에 음식을 장만하느라 수고하지 않아도 되었기에 스트레스가 줄었다. 가족끼리 오순도순 시간을 보내며 사이가 더 좋아졌고, 서로를 잘 이해할 수 있게 되었다.

이와 같은 상반된 현상은 가족 간에 적정한 거리 두기를 어떻게 해야 할지를 고민하는 사람들에게 시사하는 바가 크다.

함께하는 시간이 많고 대화를 길게 한다고 해서 서로를 더 잘 이해하고 가족 간의 사랑이 깊어지지 않는다. 자주 만나고 밥상을 마주할 기회가 빈번하다고 해서 정이 쌓이고 공감대가 넓어지지도 않는다. 가족 간의 적정한 거리는 물리적 거리가 아니라 마음의 거리이다. 마음의 적정 거리가 잘 유지되면 물리적 거리도 자연스레 유지된다.

무심함과 예민함의 조화

글을 쓰면서 진은영 시인의 시 〈가족〉을 참 많이 읽고 생각했다. 어떤 날은 참 잘 쓴 시라는 생각이 들었고, 어떤 날은 한없이 슬프고 우울했으며, 어떤 날은 희망을 발견해 기쁘기도 했다. 개나 고양이 등 반려동물을 기르는 일도 어렵지만, 꽃과 식물을 가꾸는 일도 만만치 않다. 적당한 햇볕과 바람과 물이 꼭 필요하다. 그런데 그게 다가 아니다. 사랑과 관심을 줘야 한다. 내 입장에서가 아니라 식물의 입장에서 그렇다. 햇볕과 바람과 물이 충분하다 해도 주인이 사랑과 관심을 기울이지 않으면 어떻게 알았는지 시들시들 말라버린다.

가족이라는 착각

기족관계가 꼭 그렇다. 사는 데 필요한 물리적 장치들이 부족함 없이 다 갖춰졌다 해도 사랑과 관심이 없으면 말라버린 화초처럼 변한다. 내가 주고 싶은 사랑과 관심이 아니라 상대가 받고 싶은 사랑과 관심이다. 적정 거리를 유지하려면 부모, 배우자, 자녀, 형제자매가 하는 말에 귀를 기울이고, 그 말에 담긴 마음의 소리를 듣는 것이 원칙이다. 잘 안 들리면 좀 더 다가가야 한다. 너무 크게 들리면 좀 떨어져야 한다. 무심함과 예민함의 조화다.

밖에서 빛나고 아름다운 사람이라면 집 안에서는 더 빛나고 아름다워야 한다. 설령 밖에서 빛나지 못하고 아름답지 않더라도 집 안에 들어오면 가족에게만큼은 늘 빛나고 아름다운 존재로 살아야 한다. 밖에서 그토록 빛나고 아름답던 존재가 집 안에만 들어오면 빛을 잃고 아름다움을 상실한 채 초라한 존재가 된다면? 가정은 고유한 기능은 물론 의미까지도 사라진 한없이 쓸쓸하고 허무한 공간일 뿐이다.

가족이 그리운 시간

글을 쓰면서 가족, 특히 어머니에 대해 더 생각해 보았다. 우리 가족은 근처에 살기 때문에 자주 만난다. 그러니 딱히 그립거나 보고 싶다는 생각이 들지는 않았다. 하지만 나이가 들다 보니 길거리를 지나가는 할머니를 보면 우리 어머니 뒷모습을 닮았다는 생각이 들 때가 많다. 어떨 때는 그 느낌이 너무 비슷해서 '병원 근처에 오셨나?' 하고 쫓아가서 확인하고 싶을 때도 있다. 의식하지 않지만, 어머니는 늘 그리움의 대상인가 보다. 이 책을 읽으면서 독자들이 가족에 대해 많이 생각하는 시간을 가졌으면 좋겠다.

가족은 때로 상처를 주고받고, 원망과 미움의 대상이 되지만, 친구나 연인을 포함해 세상 어느 누구도 채워주거나 대신할 수 없는 피붙이로서의 정과 사랑을 나누는 대상이기도 하다. 누구나 세상을 떠날 때 가족에게 둘러싸여 인사를 나누고 웃는 얼굴로 이별하기를 소망한다.

세상에 태어나 처음 만나는 얼굴도 가족이고, 세상에서 마지막으로 보고 싶은 얼굴도 가족이다. 인생에서 가족이 얼마나 소중한 존재인지를 잘 드러내 주는 장면이다. 인간의 본성은 늘 가족을 그리워한다. 행복한 가정을 만드는 비결은 결국, 그리운 시간을 얼마나 많이 만드느냐에 달렸다. 세월은 가도 그리움은 남는다. 무엇으로도 설명할 수 없는 이유, 가족이기 때문이다.

이 책이 나오기까지 큰 힘이 된 분들에게 감사의 말을 전하고 싶다. 칼럼 연재부터 책이 출판되기까지 많은 도움을 주신 〈정신의학신문〉 정정엽 선생님과 유승준 기자님에게 감사 인사를 드린다. 좋은 책을 만들어 주신 유노콘텐츠그룹 출판사 관계자들에게도 감사의 마음을 전한다.

우리 가족의 원천이고 중년의 자식들을 아직도 보듬어 주시고 지원해 주신 부모님, 장인 장모님에게도 감사를 전한다. 어느새 다섯 살이 되어 생각지도 못한 이야기로 늘 웃음을 주는 아들, 즐거울 때나 힘들 때나 항상 함께해 준 아내에게도 정말 고맙다는 인사를 건넨다.

얽매이고 상처받은 가족을 치유하는 마음 기술

가족이라는 착각

© 이호선 2022

1판 1쇄 2022년 8월 3일
1판 4쇄 2023년 12월 27일

지은이 이호선
펴낸이 유경민 노종한
기획자 유승준
책임편집 박지혜
기획편집 유노라이프 박지혜 구혜진 **유노북스** 이현정 함초원 조혜진 **유노책주** 김세민 이지윤
기획마케팅 1팀 우현권 이상운 **2팀** 정세림 유현재 정혜윤 김승혜
디자인 남다희 홍진기
기획관리 차은영
펴낸곳 유노콘텐츠그룹 주식회사
법인등록번호 110111-8138128
주소 서울시 마포구 월드컵로20길 5, 4층
전화 02-323-7763 **팩스** 02-323-7764 **이메일** info@uknowbooks.com

ISBN 979-11-91104-44-8(03180)